LAS MALAS DEL CUENTO

Papel certificado por el Forest Stewardship Council®

Primera edición: mayo de 2026

© 2026, Isabel Pérez Muñoz
© 2026, Penguin Random House Grupo Editorial, S. A. U.
Travessera de Gràcia, 47-49. 08021 Barcelona
Ilustraciones del interior: iStock, Shutterstock, Freepik

Printed in Spain – Impreso en España

ISBN: 978-84-02-43114-1
Depósito legal: B-4.275-2026

Compuesto en Fotoletra, S. L.
Impreso en Huertas Industrias Gráficas, S. A.
Fuenlabrada (Madrid)

BG 3 1 1 4 1

ISA PÉREZ MUÑOZ

LAS MALAS DEL CUENTO

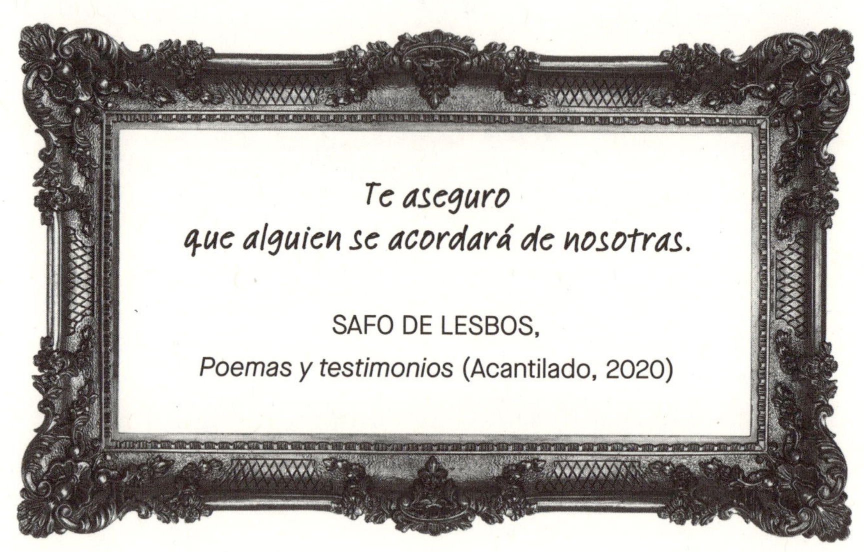

Te aseguro
que alguien se acordará de nosotras.

SAFO DE LESBOS,
Poemas y testimonios (Acantilado, 2020)

ÍNDICE

INTRODUCCIÓN

La mitología es un espejo de la humanidad. Sus historias narran las alegrías, las luchas, los triunfos y las tragedias que han formado parte de la experiencia humana desde tiempos inmemoriales y nos acercan a las civilizaciones antiguas que las crearon y creían en ellas.

Los mitos nacieron de la necesidad de entender (o, al menos, intentarlo) un mundo que, sin ellos, carecía de cualquier tipo de sentido. Los mitos explican fenómenos naturales como los terremotos o el cambio de estaciones, pero también indagan en el comportamiento y la estructura de la sociedad, **y nos ayudan a comprender mejor el mundo en que vivimos.**

Me vas a permitir ser un poco subjetiva en la siguiente afirmación, pero: no hay nada más fascinante que la mitología. Y, dentro de ella, pocas figuras resultan tan cautivadoras como las mujeres que protagonizan estas historias. Desde las leyendas de la antigua Grecia hasta los relatos celtas, pasando por los de las culturas mesopotámica, nórdica y mucho más allá, las diosas, reinas, guerreras y heroínas de cada narración han inspirado a generaciones con su fuerza, su ingenio y su capacidad de transformar el mundo que las rodea.

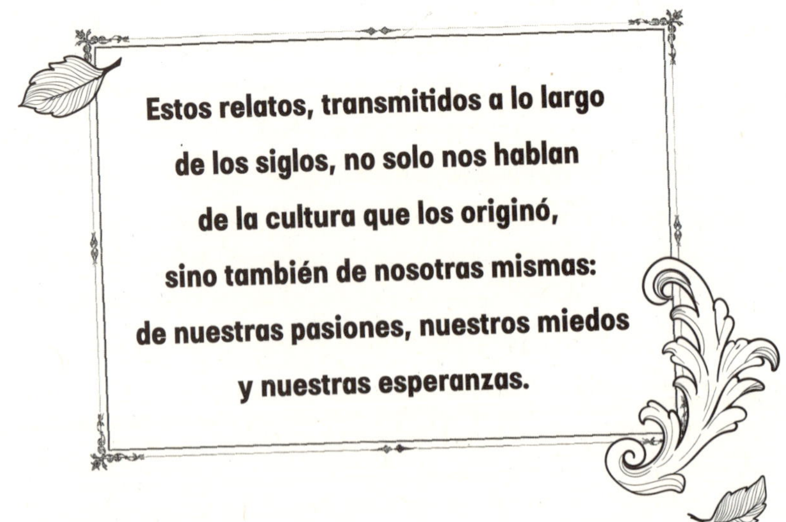

Durante muchísimo tiempo, las reinterpretaciones de **la mitología se han centrado casi en exclusiva en personajes masculinos**: dioses, héroes y guerreros tradicionalmente asociados con la fuerza y el poder. ¿Cuántas películas hay sobre héroes como Hércules o Aquiles? ¿Y sobre vikingos? En cambio, las mujeres que aparecían a su lado recibían poco crédito o quedaban relegadas a un segundo plano como *doncellas en apuros*.

Sin embargo, si analizamos los mitos originales, veremos que siempre hubo un profundo respeto hacia las diosas y heroínas, e incluso hacia esas figuras femeninas tildadas de «monstruosas». ¿Qué pasó? Pues que, a lo largo de los siglos, ese respeto se fue perdiendo detrás de la niebla de valores patriarcales que filtraron y distorsionaron los relatos.

Las malas del cuento es una combinación de **figuras femeninas de diversas mitologías del mundo**. Unas muy conocidas, otras no tanto, pero todas ellas son inspiradoras. Algunas, como Hera o Mama Huaco, representan el poder regio y la voluntad inquebrantable de las reinas y líderes. Otras, como las famosas Amazonas, la valiente Atalanta o la diosa guerrera Freya, nos recuerdan que el valor y la destreza no son solo atributos de los héroes masculinos. También hablaremos de las «vírgenes intocables», como Artemisa, quienes encarnan la independencia, la sabiduría y el misterio de lo sagrado.

Pero la mitología no se detiene en la virtud y la fuerza: también se adentra en los rincones más oscuros de la magia y la rebelión. Mujeres como Baba Yaga o Circe nos muestran el poder de la hechicería y la brujería, mientras que figuras como Antígona y Lilith nos recuerdan que la desobediencia es igualmente un acto de valentía.

Del mismo modo, en estas páginas hay lugar para mujeres catalogadas como monstruosas, entre ellas Medusa o Kiyohime, cuyos relatos ponen en tela de juicio quién es realmente el monstruo y quién es la víctima. Asimismo, están aquellas que encarnan el caos y la destrucción, como Kali y Sejmet, que muestran la delicada línea entre la creación y la aniquilación.

Al final, nos adentraremos en el dominio de las diosas que gobiernan la naturaleza y la muerte, como Hine-nui-te-pō y Perséfone. Ellas encarnan los ciclos eternos de la vida, la fertilidad, la guerra, el amor y la renovación. Con sus historias, descubriremos que la muerte y el renacimiento forman parte de una misma danza cósmica que da sentido a la existencia.

Este libro es una invitación a sumergirse en los mitos y leyendas de mujeres que han sido, durante mucho tiempo, subestimadas o relegadas a un segundo plano.

Cada una de ellas merece ser recordada y analizada en toda su complejidad: a veces como heroínas, otras como villanas, y casi siempre como seres humanos (o divinos) llenos de matices. Al reencontrarnos con sus relatos, encontramos también una parte de nosotras y nosotros mismos. **Porque la mitología, en última instancia, no solo nos habla de un pasado lejano, sino que ilumina nuestro presente y nos inspira a imaginar nuevos futuros.**

REINAS
y
LÍDERES

Clitemnestra

Agamenón: rey de Micenas, marido de Clitemnestra y asesino de su primer esposo e hijo. Líder de los griegos en la guerra de Troya.

Aquiles: héroe griego, considerado el mejor y famoso por su frágil talón. Líder de los mirmidones en la guerra de Troya.

Apolo: dios olímpico de muchas cosas (el Sol, las artes, la profecía...).

Artemisa: diosa olímpica de la caza y protectora de las chicas.

Calcas: adivino y profeta.

Casandra: profetisa troyana y botín de guerra de Agamenón.

Clitemnestra: reina de Micenas, hermana de Helena de Troya. Antiheroína con traumas justificadísimos.

Crisotemis: hija de Clitemnestra y Agamenón en algunas versiones.

Egisto: primo de Agamenón y amante conspirador de la reina Clitemnestra.

Electra: hija de Clitemnestra y Agamenón.

Esquilo: dramaturgo griego.

Helena de Troya: hermana de Clitemnestra. Huyó con Paris, hecho que provocó la guerra de Troya.

Ifigenia: primogénita de Clitemnestra y Agamenón.

Leda: reina de Esparta, madre de Clitemnestra y de Helena. Famosa por su encuentro (nada consensuado) con Zeus en forma de cisne.

Menelao: marido de Helena de Troya. Al morir Tindáreo, heredó el trono de Esparta.

Orestes: hijo de Clitemnestra y Agamenón.

Paris: príncipe troyano, amante de Helena de Troya.

Clitemnestra mató a su marido a hachazos cuando volvió de la guerra. Así, de primeras, suena como la típica villana de tragedia griega: una mujer loca, despechada, asesina. **Pero... ¿y si te dijera que lo suyo fue más una historia de justicia que de pura maldad?**

Como buena mujer de la mitología, la historia la ha tratado... regular. En una serie, Clitemnestra sería la antiheroína *badass* con traumas y decisiones cuestionables, pero motivaciones legítimas. **Lo malo es que su historia la escribieron los hombres.**

Reina, madre, hermana

Clitemnestra era reina de Micenas, aunque quizá la ubiques mejor si te digo que era la hermana de Helena de Troya. Hija de Leda y Tindáreo, reyes de Esparta, Clitemnestra fue princesa de esta polis, antes de que Agamenón apareciese en su vida para destrozarla.

En Esparta, Clitemnestra se casó con Tántalo, un rey de Pisa (la Pisa de Grecia, no de Italia), con el que tuvo un hijo. Todo pintaba bien... hasta que Agamenón los asesinó y tomó a Clitemnestra como esposa. En Micenas, Clitemnestra dio a luz a Ifigenia, Orestes, Electra y, según algunas versiones, también a Crisotemis.

El sacrificio

Unos años más tarde, la hermana de Clitemnestra, que se había casado con Menelao, el hermano de Agamenón, huyó de Esparta con su amante Paris y se armó una gorda: la guerra de Troya. **Te suena, ¿verdad?** No te juzgo si te imaginas a Paris como Orlando Bloom en *Troya*. Agamenón, como jefe de los ejércitos griegos y hermano del dolido Menelao, puso rumbo a Troya, dejando a Clitemnestra al mando de Micenas durante diez años.

La flota griega se reunió en Áulide, pero no podían partir hacia Troya porque el viento había dejado de soplar y no había quien lograse hacer avanzar las naves. Calcas, el sacerdote que estaba al servicio de Agamenón, le reveló que todo aquello era cosa de Artemisa, diosa de la caza, los animales salvajes y la virginidad, entre varias cosas más: Agamenón había matado a un ciervo consagrado a esta deidad y se había cabreado. ¿La solución? Fácil: sacrificar a su primogénita, Ifigenia. Clitemnestra y su hija fueron engañadas bajo el pretexto de una falsa boda entre Ifigenia y el héroe Aquiles, comandante de los mirmidones. **Pero en el altar no la esperaba su futuro marido, sino la muerte a manos de su padre.**

De vuelta en Micenas, Clitemnestra planificó el asesinato de Agamenón con su amante: Egisto, primo y archienemigo de Agamenón. Diez años más tarde, Clitemnestra recibió a Agamenón (y a Casandra, su botín de guerra) a las puertas del palacio con una gran alfombra roja y lo llevó hasta el baño, donde le esperaba, literalmente, un baño de sangre.

Infiel, asesina, ¿y qué más?

Durante siglos, a Clitemnestra se la ha tachado de esposa infiel y asesina. En cambio, Agamenón, que sacrificó a su hija y trajo a otra mujer a casa, sigue siendo el rey. **Esto no es solo una doble vara de**

medir, es el patriarcado clásico en acción. Pero para analizar por qué vamos a ver un poco de contexto.

La historia de Clitemnestra llega a nosotros, en gran parte, a través de la *Orestíada* de Esquilo, obra que se estrenó en Atenas durante el siglo v a.C. En esa época, la mujer era vista como una eterna menor, siempre bajo la tutela de un *kyrios*, el tutor que la representaba ante la ley. Las mujeres no podían salir de casa y su educación se limitaba prácticamente a lo relacionado con el hogar: hilar y tejer, cocinar, limpiar y cuidar de los hijos. El ideal de la mujer en ese entonces era el de una figura subordinada, pasiva, irracional, e incluso débil, solo apta para reproducirse y cuidar de la casa y la familia.

Este contexto hace que el retrato de las mujeres en la tragedia griega sea aún más sorprendente. Cuando se nos presenta a personajes femeninos capaces de grandes proezas y actos terribles, se está rompiendo de forma radical el molde impuesto por la sociedad.

Esquilo lo representa muy claramente a través de personajes masculinos que resaltan las características de Clitemnestra: su capacidad de mando y reflexión, rasgos considerados inapropiados para una mujer en ese tiempo. Pero ¿por qué limitarse a una visión exclusivamente masculina? Aunque algunos críticos como Winnington-Ingram han tachado a Clitemnestra de «mujer varonil», una lectura cuidadosa muestra que ella siempre reafirma su feminidad, sin que su capacidad para planificar y persuadir la haga menos mujer.

Clitemnestra desafía la autoridad masculina al transgredir las normas establecidas con dos crímenes fundamentales: asesinar a su marido y elegir, por cuenta propia, a su compañero sexual. Todo ello surge de un deseo de venganza, motivado por las múltiples ofensas de Agamenón: la abandonó, sacrificó a su hija y cometió infidelidades. Y todo eso sin contar otros agravantes como el asesinato de su primer marido, Tántalo, y su hijo. En esencia, **estas motivaciones se relacionan con lo que se espera del rol femenino**: la protección del *oikos*, ese hogar y núcleo familiar que era considerado sagrado.

En la obra, Clitemnestra se presenta ante el coro cubierta de sangre y narra, sin pelos en la lengua, cómo ha matado a Agamenón y el placer que ha sentido en hacerlo. **No busca clemencia ni redención; lo hace para dejar claro su dolor y su rabia acumulada. Allí se plasma la capacidad destructora que se le suele negar a la feminidad.** Para Esquilo (y los hombres en general), esas razones maternales y matrimoniales no tienen el mismo peso que los valores militares de Agamenón, quien, como patriarca y jefe militar, hizo lo que se esperaba de él en ese entonces.

Curiosamente, su hija Electra encarna el ideal femenino tradicional: lealtad filial hacia el patriarca y rechazo a las acciones de su madre. Mientras que Clitemnestra ejecuta su venganza de forma personal y radical, Electra la delega a su hermano Orestes. Es decir, Electra «sabe cuál es su lugar». Así, en *Las Euménides*, la última parte de la *Orestíada*, Apolo aprueba el asesinato de Clitemnestra a manos de su hijo con la ayuda de su hermana Electra, justificando el matricidio con el fin de celebrar la instauración del patriarcado, la democracia ateniense y el restablecimiento del orden social.

La historia de Clitemnestra es como ese *plot twist* inesperado en tu serie favorita: con un giro que nos hace replantear todo lo que creíamos saber sobre justicia y poder. Su relato nos reta a cuestionar los viejos cánones, donde el dolor, la furia y la resiliencia de las mujeres se minimizaban mientras se exaltaban los valores militares y patriarcales. Clitemnestra se erige como una rebelde que nos invita a reconocer que el verdadero poder reside en desafiar el **statu quo**.

Lee su historia

El **mito de Clitemnestra** ha resurgido en los últimos años gracias al auge de las reescrituras mitológicas. Puedes adentrarte más en su historia en *Clitemnestra* (de Costanza Casati) o *Electra* (de Jennifer Saint), dos novelas que dan voz a una de las mujeres más impactantes de la mitología griega.

Dido

Acerbas: marido y tío de Dido.

Cupido: hijo de Venus, dios romano del amor. Dios Eros, en la mitología griega.

Dido: reina de Tiro y fundadora de Cartago; estratega y líder.

Eneas: héroe troyano y futuro fundador de Roma.

Hiarbas: rey libio de Numidia.

Mercurio: dios romano mensajero de los dioses. Hermes, para los griegos.

Pigmalión: hermano de Dido.

Venus: la Afrodita romana, diosa del amor y madre de Eneas.

Virgilio: poeta romano.

Antes de que Cartago se convirtiera en una de las ciudades más potentes del Mediterráneo alrededor de siglo III a.C., hubo una mujer que cruzó el mar liderando a su gente y fundó una ciudad desde cero. Esa mujer fue Dido. Y sí, ya sé que probablemente te venga a la cabeza su historia de amor (o desamor) con Eneas que tan bien relata la ópera barroca de Purcell, pero lo cierto es que Dido **fue mucho más que la chica que se suicidó por un héroe griego**. Fue **reina, estratega, líder política y arquitecta de una ciudad** que sería la rival de Roma durante más de cien años.

De Tiro a Cartago y tiro porque me toca

Pero vayamos al principio de esta historia. Dido era reina de la ciudad fenicia de Tiro, y vivía felizmente casada con su marido, Acerbas, que también era su tío (cosas de la mitología, te irás acostumbrando).

Este murió de manera repentina y Pigmalión, hermano de
Dido, tomó el trono. A Dido no le importó que su hermano reinara, pero un día su difunto marido se le apareció en sueños y le soltó que había sido asesinado.
Por Pigmalión.

Dido, lejos de quedarse de brazos cruzados, **cogió
a su gente y huyó con el tesoro de su difunto marido,**
cruzando el Mediterráneo en busca de un nuevo hogar.
Por el camino pasó por la isla de Chipre, donde se unieron a
ella unas cuantas sacerdotisas de Afrodita, y más tarde llegó a las
costas del norte de África.

En la actual Libia conoció al rey de Numidia, Hiarbas, que no
estaba muy por la labor de regalar terrenos a nadie, así que, con la
intención de hacerle el lío a Dido, le ofreció un trato: le cedería tanta tierra como pudiera cubrir con la piel de un buey. Pero le salió el
tiro por la culata: Dido, astuta como ella sola, **cortó la piel en tiras**
y delimitó de este modo un buen pedazo de terreno. **Y así fue
como nació Cartago.**

Una reina sin alianzas

Dido organizó la ciudad como toda una jefa. **Gobernaba sin necesidad de hombres, de hecho, rechazaba a todos los que intentaban
pretenderla y juró no volver a casarse nunca.** Incluso Virgilio en la
Eneida la compara con Diana, la diosa de la caza, por esa energía
«masculina» que tanto descolocaba a los autores de la época (ya
hemos visto antes que, en la Antigüedad, si una mujer era fuerte,
automáticamente la tachaban de «varonil»).

Y ahora sí, el drama: entra Eneas, ese héroe troyano que huyó
de Troya tras la guerra, con su padre, su hijo y el sueño de fundar
una nueva Troya. Por caprichos del destino (más bien, de
los dioses) acabó en Cartago. Al principio, Dido pasaba de él, pero **Venus ordenó a su hijo Cupido** que lanzara una de sus flechas para que Dido se enamorase de
Eneas y nuestra reina se acabó casando con el héroe. Aun-

que no queda claro en la *Eneida*, lo más probable es que Venus quisiera que Eneas y sus hombres pudiesen quedarse en Cartago un tiempo descansando y cogiendo fuerzas. O también puede ser que simplemente se le antojara divertirse un poco o que a Virgilio le fuera bien para darle fuerza a la trama.

Pero los dioses tenían otros planes para Eneas, y Mercurio, el dios mensajero, se le presentó en sueños para recordarle su propósito. A Eneas pareció convencerle, y no dudó en pirarse de Cartago y abandonar a Dido, incluso después de que esta le propusiera reinar juntos.

Eneas llegó al Lacio, en la península itálica, donde se casó con Lavinia, hija del rey de la región, y en su honor fundó la ciudad de Lavinio. Con esto, Virgilio convierte a Eneas en el antecesor de los míticos fundadores de Roma, los hermanos **Rómulo y Remo**.

Una maldición eterna para la ciudad eterna

A Dido no le falló la intuición femenina y ella, que ya se veía venir el día en que Eneas la abandonaría, tenía muy bien planeado lo que haría cuando eso pasara. Mandó preparar una pira enorme en lo alto de una colina, de manera que las llamas pudieran verse desde alta mar. Subió a la montaña, maldijo a Eneas y a toda su gente para toda la eternidad, se clavó la espada y se lanzó a las llamas. Mientras lo hacía, pidió a su pueblo que resurgieran de sus huesos con espíritu vengativo.

Y dicho y hecho: a lo largo de más de un siglo, entre los años 264 y 146 a.C., las ciudades de Cartago y Roma, dos de las principales potencias en la región mediterránea de aquella época, se enfrentarían en las que hoy conocemos como «**guerras púnicas**», y en el **imaginario colectivo** quedó grabada la idea de que todo **aquello empezó con una mujer poderosa a la que le rompieron el corazón.**

¿Sabías que...?

Las guerras púnicas marcaron un punto de inflexión en la historia del Mediterráneo, ya que supusieron la eliminación de uno de los mayores competidores de Roma por el control del comercio marítimo en la región.

La **primera guerra púnica** (264-241 a.C.) se originó por el control de Sicilia y culminó con la victoria romana, que obligó a Cartago a ceder la isla y pagar una indemnización.

La **segunda guerra púnica** (218-201 a.C.) es recordada por la audaz campaña de Aníbal Barca, quien cruzó los Alpes con elefantes para invadir Italia, aunque finalmente fue derrotado por Escipión el Africano en la batalla de Zama.

La **tercera guerra púnica** (149-146 a.C.) concluyó con la destrucción total de Cartago, que fue arrasada y sus habitantes esclavizados.

Como resultado, Roma emergió como la potencia dominante en el Mediterráneo occidental, consolidando su hegemonía y sentando las bases para su expansión imperial.

Dido es un personaje pseudohistórico que apareció primero en los escritos de Timeo, un historiador griego del 350-260 a.C. Por desgracia, esos escritos se perdieron, y la historia que nos ha llegado es, en gran parte, la que se cuenta en la *Eneida* de Virgilio, quien, con el propósito de legitimar el poder de Roma, pintó a Eneas como el héroe guiado por los dioses, y a Dido, en cambio, como una reina traicionada y desenfrenada. Al presentarla de esa forma, se minimiza su papel como fundadora, estratega y líder de Cartago, y se la transforma en una simple marioneta de la diosa Venus, manipulada por los designios divinos para cumplir un rol secundario en el gran plan de la nueva Roma. Así, lo que era, en realidad, la historia de **una mujer indomable y visionaria acaba sirviendo para reforzar una narrativa patriarcal que exalta los valores militares y el linaje divino de un futuro emperador.**

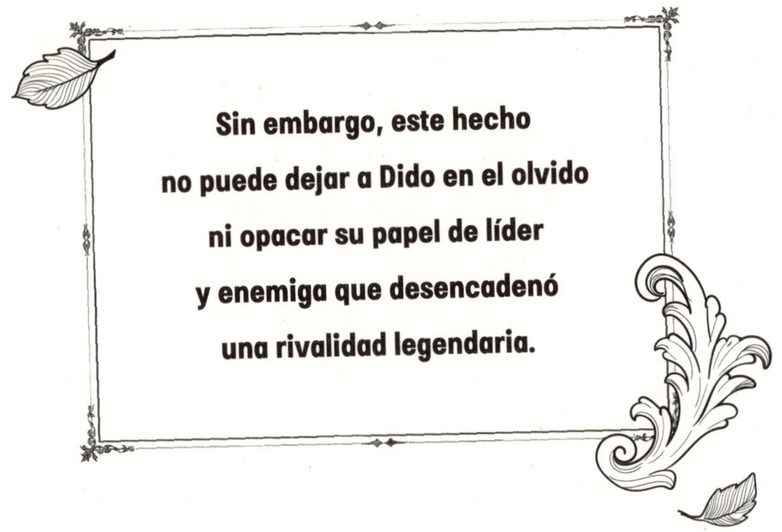

Afrodita: diosa olímpica del amor y la seducción.

Atenea: diosa olímpica de la guerra, la estrategia y la sabiduría.

Cronos: titán, padre de Zeus y de Hera, entre otros dioses olímpicos.

Hera: diosa del matrimonio y reina del Olimpo; poderosa, compleja y muy harta de Zeus.

Ilitia: hija de la diosa Hera; diosa de los partos y esperanza de las mujeres griegas.

Ixión: mortal amiguito de Zeus con las manos muy largas.

Juno: equivalente de Hera en Roma; reina guerrera, defensora del Estado.

Océano: titán que crio a Hera en la isla de Samos después de la guerra.

Poseidón: dios olímpico del mar, los caballos y los terremotos.

Rea: madre de Zeus, Hera y otros dioses olímpicos.

Tetis: nereida (un tipo de ninfa acuática).

Zeus: rey del Olimpo, marido de Hera y experto en engaños e infidelidades.

Si tu infancia estuvo marcada por *Hércules* de Disney, es muy probable que tu imagen de Hera sea la de una diosa amorosa que quiere muchísimo a un Zeus enorme y barbudo y a su bebé fortachón. Pues bueno, lamento decirte que esa sí que es una buena inventada histórica de Disney. En la mitología griega original, **Hera no era precisamente la madre del héroe, y desde luego no era una amable señora que vivía para cuidar a su marido Zeus.**

De un mal padre a un marido peor

Hera era la diosa griega del matrimonio, de las mujeres, del cielo y de sus estrellas. Igual que sus hermanos Poseidón y Hades y sus hermanas Deméter y Hestia, Hera fue devorada nada más nacer por su padre, el titán Cronos, que estaba paranoico por una profecía según la cual sus hijos le arrebatarían el poder (Goya lo retrató muy bien en *Saturno devorando a su hijo*). Cuando Rea, la madre de todos ellos, dio a luz a Zeus, lo escondió y dio a Cronos una piedra envuelta en tela que engulló con afán. Al cabo de los años y habiéndose preparado para el momento perfecto, Zeus consiguió colarse en casa de Cronos y hacerle vomitar a sus hermanos.

Aunque Disney se tomase muchas licencias en su película, debemos reconocer que hay muchas referencias ocultas a la mitología verdadera, y la guerra entre titanes y dioses olímpicos es una de ellas (aunque los titanes no eran seres tan terroríficos como los pintan en la película). Después de «renacer», Hera, Zeus y el resto de los hermanos lucharon contra Cronos y otros titanes en la titanomaquia, una guerra que supuso el ascenso al poder de los Olímpicos (llamados así porque se establecieron en el monte Olimpo). Después de este suceso, Hera se retiró a la isla de Samos, donde fue criada por el dios Océano.

Más tarde, y después de haber tenido otras esposas, **Zeus la obligó a casarse con él**. ¿Cómo? Bueno, hizo lo que mejor se le da a Zeus: transformarse en un animal. Con la forma de un cuco se presentó donde estaba Hera, que lo vio tan indefenso que lo cogió en brazos. Zeus no dudó en aprovechar ese momento y la agarró para violarla. Pero no te preocupes, porque después tuvo el detallazo de prometer casarse con ella. Aunque para ti y para mí eso no es ninguna solución, para Hera, como diosa del matrimonio, sí mejoraba la situación.

La diosa de ¿los celos?

Hera no fue la primera mujer de Zeus, pero sí la única que adoptó el papel de reina del Olimpo. Como tal, Hera era igual de respetada que Zeus, e incluso este acudía a ella para que lo aconsejara, aunque seguía siendo inferior a él. De hecho, era **muy venerada por los griegos**, que le dedicaron varios templos, como el de Argos o el de Samos. Este último era el triple de grande que el Partenón de Atenas.

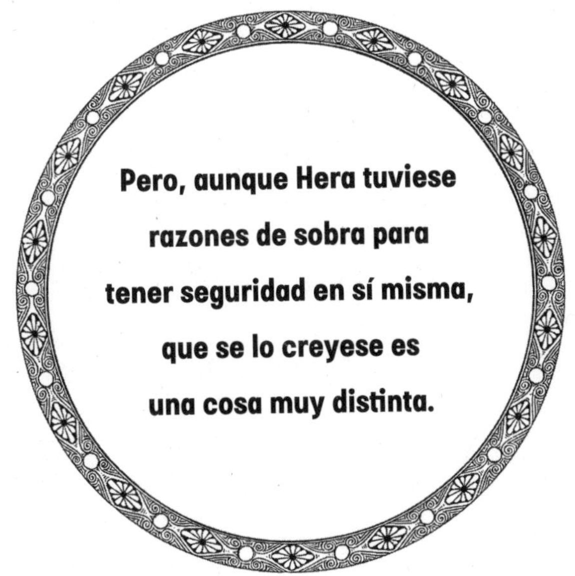

Su figura ha sido denigrada y reducida a la diosa de los celos y de la venganza, cuya única motivación era hacerle la vida imposible a Zeus y a todas sus amantes. Porque, por supuesto, ella tenía que ser la mala de la película. Pero **quizá esa sed de venganza sea el resultado de cierta inseguridad, provocada, obviamente, por las acciones de su marido**.

Un mito en el que Zeus deja mucho que desear como marido es en el de Ixión, un mortal que, quién sabe cómo y por qué, le cayó muy bien a Zeus. Tanto que lo invitó a un banquete en el mismísimo Olimpo. En pleno festín, **Ixión tuvo la «espléndida» idea de violar a Hera**. La forzó, la manoseó y, cuando Hera se lo contó a Zeus, él la puso en duda. El rey de los dioses ideó toda una trama para comprobar si su esposa decía la verdad, porque, claro, creerla de primeras era de ser demasiado buen marido, y ya sabemos de qué pie cojeaba Zeus.

En el Libro XIV de la *Ilíada*, escrita alrededor del siglo VIII a.C. por Homero, Hera seduce a Zeus para entretenerlo y poder hacer que el ejército griego avance (la guerra de Troya sirvió como pretexto para acabar con la sobrepoblación de la Tierra, así que a Zeus le interesaba alargarla lo máximo posible). Para ello, pide a Afrodita que le deje su cinturón (un tipo de corsé-arnés digno de la diosa del amor y la sexualidad). Al verla, Zeus coge y le suelta que nunca ha deseado a ninguna mujer tanto como a ella, y procede a nombrar a todas esas amantes a las que no ha deseado tanto. **¿Cuántas veces puede aguantar una mujer sentirse el segundo plato?** Hera utiliza el engaño y la seducción para salirse con la suya porque sabe, por una parte, que no es lo suficientemente poderosa como para oponerse a Zeus, y, por otra, que su otra opción es resignarse y aceptar que nunca va a ganar.

Las diosas con las que Zeus se había liado antes que Hera tuvieron descendencia divina y las mortales tuvieron semidioses. ¿Y si Hera temía que la suplantasen en cualquier momento? ¿Qué tenía ella que las demás no? Bueno, pues una boda. Hoy en día eso no sería un gran qué, pero **recordemos a quién representa Hera**.

Hera existe en una sociedad patriarcal, y por ello no tiene control sobre los amoríos de Zeus y su estatus es el de las mujeres que la honraban: que los maridos pudiesen divorciarse, pero ellas no pudieran iniciar el proceso de divorcio; que ellos pudiesen tener sexo con quien quisieran, pero ellas tuviesen que esperarlos en casa; que su comportamiento estuviese limitado por las imposiciones de la sociedad... eran preocupaciones reales de las mujeres. ¿Y si Zeus reemplazaba a Hera? ¿Y si sus hijos con otras mujeres reemplazaban a los hijos de Hera? Ella estaba atada a Zeus de por vida, igual que lo estaban el resto de las mujeres a sus maridos.

El mito no legitima esta agresividad, que es inadecuada y solo apta para los hombres. La historia ha pintado a Hera como la esposa vengativa, la que no deja pasar ni una, tergiversando su actitud y convirtiéndola en una mera pataleta de niña pequeña, cuando, en realidad, Hera era la única en el Olimpo que se atrevía a plantarle cara a Zeus.

De hecho, hubo una vez en la que Atenea, Poseidón y Hera conspiraron los tres juntos en contra de Zeus y quisieron atarlo para robarle el mando, pero la cosa no les salió bien: la nereida Tetis fue al rescate de Zeus junto a un gigante de cien brazos y cincuenta cabezas, y, al verlo, se les cambió la cara. Hera acabó colgada de las nubes con yunques en los pies y las manos atadas, porque no siempre se puede salir ganando.

Pero Hera no siempre se desahogaba con rabia y castigos; a veces, también acababa tan harta de su marido que se iba del Olimpo. Una de esas veces, Zeus no conseguía de ninguna manera hacerla volver, así que hizo ver que se casaba con otra mujer, que en realidad **era una figura de madera**. Hera se enteró al instante y se presentó en la supuesta boda, pero, al darse cuenta del engaño, **decidió volver al Olimpo junto a su marido**. Lo que vemos en este mito es que Zeus no acepta perder, de ninguna manera, lo que él considera es de su «propiedad», pero, además, su método para recuperar a Hera es una actitud tóxica que solo hace que alimentar los celos que tanto se critican de Hera.

Y aunque todas estas historias y todas las represalias de Zeus para con su esposa nos hagan pensar que, más que a las mujeres, Hera representaba el odio a las mujeres, nada más lejos de la realidad. Solo hay que pensar que, junto a su hija Ilitia, diosa de los nacimientos, Hera era responsable de lo más importante para las mujeres de la antigua Grecia: sobrevivir al parto. **Eso, sumado al deseo de tener un buen marido, resumen los que eran los pilares de la vida de la mujer.**

En la mitología romana, una guerrera

Hera era una diosa griega, sí... pero también fue romana. Los romanos tenían una habilidad muy particular: en lugar de rechazar las culturas que conocían, sabían apropiárselas y darles su propio giro. Lo hicieron con el arte, con la filosofía... y, por supuesto, también con la mitología. Tomaron los dioses griegos, los rebautizaron y los adaptaron a su forma de ver el mundo, mezclando tradiciones locales con influencias extranjeras. Así, una diosa como Hera no desapareció: se transformó en Juno, con su carácter propio dentro del panteón romano.

26

Juno era venerada en la zona del Lanuvio como Juno Sospita, «la que salva, guarda o defiende». Juno es diosa, reina y guerrera; representa la fertilidad, la realeza y los nacimientos, pero también otorga protección militar. Al verla (por ejemplo, en los Museos Vaticanos), puede que la confundas con Atenea, la diosa guerrera por excelencia, pero que no te engañen el escudo y la lanza: **es Juno, la reina de los dioses, que también está preparada para dar guerra**.

Esa es la magia de Juno Sospita: es madre y estratega, protectora y combatiente, reina y guerrera. No es una copia de Hera ni una versión de Atenea, sino una figura híbrida que encarna lo mejor de muchas tradiciones. Y ahí está su poder: Juno, como tú y como yo, no es solo una cosa, sino muchas a la vez.

Ailill: marido de Medb, rey consorte de Connacht.

Clothru: hermana de Medb.

Conchobar mac Nessa: rey de Úlster, primer marido de Medb.

Cúchulainn: héroe de Úlster, miembro de los Caballeros de la Rama Roja.

Eochaid: rey supremo de Irlanda y padre de Medb.

Eochaid Dála: segundo marido de Medb.

Furbaide: hijo póstumo de Clothru.

Medb: reina guerrera de Connacht, ambiciosa y libre, sexualmente empoderada y ferozmente estratégica.

Tinni mac Conni: rey derrocado por el padre de Medb y amante de esta.

En las brumosas tierras de Irlanda nos encontramos con Medb (o Maeve), reina indómita de Connacht, uno de los personajes más importantes del *Ciclo de Úlster*, una colección de leyendas, poemas y cuentos irlandeses ambientada en el siglo I a.C. y centrada en los pueblos de Úlster, en el noroeste de Irlanda. Representada como una general hermosa y despiadada y con una vida amorosa más intensa que la de las telenovelas, Medb **encarnó la combinación perfecta de magnetismo, ambición y destreza militar**. O sea, era una tía chulísima... que se convirtió en la némesis del rey Conchobar de Úlster y en la aguafiestas número uno del imbatible héroe Cúchulainn.

Una reina con trono propio

Medb era hija de Eochaid, el rey supremo de Irlanda, lo que la sitúa ya de entrada entre la nobleza más encumbrada. Como suele pasar en las historias antiguas, su padre le organizó un enlace estratégico con Conchobar mac Nessa, rey de Úlster, sellando así una alianza que prometía grandes riquezas y éxitos... pero resultó ser un chasco. **Medb no tardó en aburrirse del rol de esposa dócil**; pronto comprendió que su ambición iba más allá de compartir lecho con un rey que no la dejaba brillar por sí misma, así que lo abandonó.

Su padre, lejos de enfadarse, pensó que Medb merecía más y decidió que su hija era digna de tener un trono propio, así que echó del trono de Connaught a un tal Tinni mac Conni y la hizo reina. A diferencia de otros reyes derrocados, este no demostró ni un ápice de resentimiento. Al contrario, le dio absolutamente igual, incluso se hizo amigo de Medb y fueron amantes. Porque, claro, ¿quién podría resistirse a Medb?

Cuando el padre de Medb quiso saldar la deuda con Conchobar, arregló un nuevo enlace: su hija Clothru pasó a engrosar la lista de consortes del rey de Úlster. Sin embargo, el matrimonio apenas duró, pues Medb, fiel a su instinto de poder, ordenó la muerte de Clothru mientras esta estaba embarazada. De ese brutal episodio nació Furbaide, extraído por cesárea póstuma y promisorio vengador.

La tirria que Medb sentía por su esposo abandonado Conchobar se multiplicó cuando, en una asamblea de reyes en la colina de Tara, este vio a Medb dándose un baño y la violó.

Pero Medb no era de las que perdonan ni olvidan: reunió sus huestes y marchó contra Úlster en una campaña militar que dejó claro su prestigio.

Aunque finalmente tuvo que retirarse, en aquella contienda, Medb demostró al mando de su ejército la misma ferocidad con la que regía su corte.

De marido en marido

De vuelta en Connaught tras la retirada, Medb se casó con el rey Eochaid Dála (su padre no, *ugh*, otro). Hay que decir que **Medb albergaba unas expectativas muy altas para sus maridos** (como debe ser); sobre todo tenía tres cosas claras: debía ser generoso y detallista como ella (no iba a hacer ella los mejores regalos y no recibir nada a cambio), valiente como ella y, por último, **no ser celoso, porque su apetito sexual no lo saciaba un solo hombre**.

Echoaid... digamos que falló en cumplir esas expectativas. Sobre todo, la última. Al poco tiempo de casarse con Echoaid, Medb empezó a verse con su joven y apuesto guardia Ailill. Echoaid, cabreado, retó a Ailill a un duelo, pero fue humillantemente derrotado. Después de esto, Medb se casó con Ailill y este pasó a ser el rey de Connaught, aunque Medb seguía teniendo el mando. A Ailill le parecía bien, aunque a veces... surgían tensiones.

Un día, mientras estaban en la cama, comenzaron a discutir sobre quién había aportado más riqueza a la relación y se pusieron a sacar todas sus pertenencias. Estaban casi al mismo nivel, pero, por lo visto, Ailill tenía un toro impresionante y Medb no, así que mandó a sus hombres encontrar uno para ella. **Así comenzó la Táin Bó Cúailnge, o 'el robo del toro de Cuailnge'**.

El único toro decente que encontraron estaba en Úlster. Medb mandó a sus mensajeros para que ofrecieran al dueño montones de dinero e incluso acostarse con ella a cambio del toro. El dueño, por supuesto, aceptó y celebró un banquete en su honor. Pero algunos de los mensajeros bebieron más de lo que deberían y se fueron de la lengua, diciendo que, si no hubiese aceptado, se habrían llevado el toro a la fuerza. El dueño no era ni tonto ni sordo, así que, al escuchar eso, cambió de opinión.

Y **Medb volvió a declararle la guerra a Úlster, y, una vez más, su ejército se vio forzado a retroceder.** Úlster estaba protegido por el héroe Cuchulainn, una de las figuras más importantes de la literatura heroica irlandesa. Personificaba el guerrero ideal y, como tal, era el mejor de los Caballeros de la Rama Roja (guerreros leales a Conchobar). Cuchulainn era una especie de Hércules a la irlandesa: también era un semidiós, hijo del dios Lug, aunque, a diferencia del héroe grecorromano, **Cuchulainn tenía siete dedos en cada mano y cada pie, así como siete pupilas en cada ojo.** Con solo diecisiete añitos, Cuchulainn se cargó a unos cuantos hombres de Medb y sembró el pánico entre el resto, que estaban asustados y con ganas de irse a casa.

Medb luchó en la primera fila del muro de escudos para proteger la retirada de su ejército, hasta que... le vino la regla. Relegó el puesto para controlar la situación (cuentan que su flujo era tan abundante que abrió tres profundos canales en la tierra), pero esa brevísima ausencia bastó para que Cuchulainn rompiese la formación y avanzara hasta ella. Cuando la encontró, Medb lo desafió con indiferencia, incitándolo a que la matara, pero Cuchulainn se negó, diciendo que él «no mataba mujeres» (definitivamente había matado a otras mujeres antes) y la dejó marchar.

En sus últimos años, Medb tenía una *morning routine* bien marcada: cada mañana se daba un baño en un estanque de una islita llamada Inchcleraun, en medio del lago Lough Ree, cerca de Knockcroghery. Todo muy bucólico, muy «me cuido, conecto con la naturaleza y dejo que el agua me purifique después de tanta guerra».

Pero a Furbaide, el sobrino de Medb, le daba absolutamente igual la paz interior. Él lo que quería era venganza. Y, para conseguirla, midió con una cuerda la distancia exacta que había entre el estanque y la orilla, **y empezó a entrenar con su honda hasta llegar al punto de acertar a una manzana clavada en una estaca de la altura de Medb**.

Sí, a ese nivel...

Y aquí viene lo mejor: la siguiente vez que la vio bañándose, no se complicó la vida. Estaba comiendo un trozo de queso y pensó: «¿Para qué voy a buscar ahora una piedra si tengo esto a mano?». Le lanzó el queso con tal puntería que le dio en la cabeza... y Medb cayó redonda. Una de las reinas más temidas de Irlanda, una mujer que lideró ejércitos, murió no por la espada, **sino por un pedazo de queso**.

Irónico ¿no?

Según la leyenda, Medb está enterrada en el túmulo de Knocknarea, en el condado de Sligo. Y no de cualquier manera: dicen que está de pie, mirando hacia Úlster, para seguir desafiando a sus enemigos incluso desde la tumba. Otra versión asegura que está en Rathcroghan, bajo una gran losa que llaman Misoyisgaun Medb.

La ley Brehon y el poder en el matrimonio

En la cultura celta, las mujeres tenían más libertad en el matrimonio que la que les dio la Iglesia católica. El matrimonio en la Irlanda gaélica estaba regulado por la ley Brehon, un estatuto sobre la vida diaria y política que estuvo vigente hasta 1171. Bajo esta ley, las mujeres gaélicas eran más libres que las mujeres católicas para divorciarse de sus maridos. Había diferentes tipos de matrimonio según si era el marido o la mujer quien aportaba más propiedad a la unión, y el que aportaba más era el que tenía más poder legal; por eso el énfasis de Medb en acumular posesiones no era mero capricho o avaricia, sino una estrategia de poder: ser la propietaria principal significaba ejercer la autoridad real, legitimar su independencia y **blindarse contra cualquier intento de someterla.**

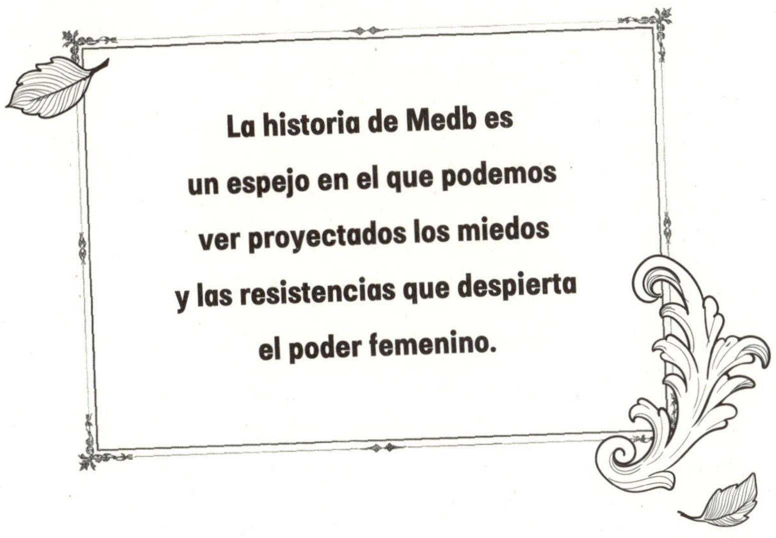

Desde su reinado guerrero hasta sus alianzas amorosas, Medb rompió moldes y retó los cánones patriarcales, hasta convertirse en **la encarnación de una soberanía plena.**

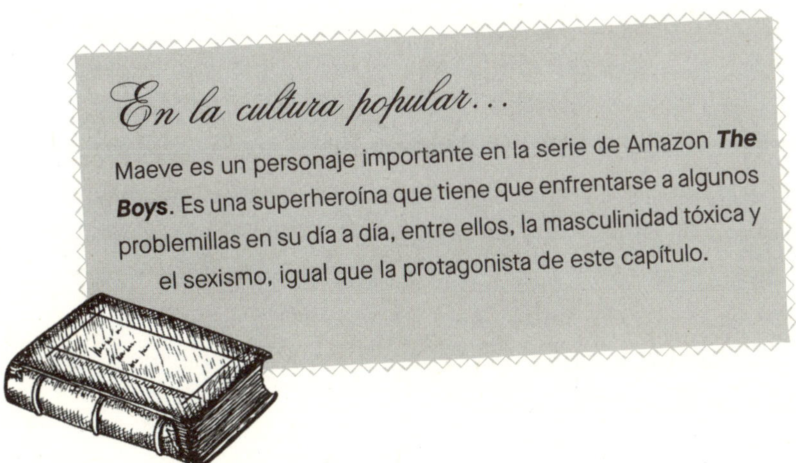

Mama Huaco

Apus: espíritus tutelares de las montañas a los que Mama Huaco podía invocar para proteger a su pueblo.

Guallas: pueblo de Cuzco que acabó siendo derrotado por Mama Huaco.

Guamán Poma de Ayala: cronista indígena que registró las múltiples facetas de Mama Huaco.

Inti: dios del Sol, padre de Mama Huaco.

Mama Huaco: diosa guerrera, fundadora de Cuzco, madre chamánica y primera coya del Imperio inca.

Mama Quilla: diosa de la Luna y madre de Mama Huaco.

Manco Cápac: hermano (o puede que hijo) y esposo de Mama Huaco.

Viajamos ahora a las tierras de Sudamérica para adentrarnos en ellas y conocer la leyenda de Mama Huaco: **diosa guerrera y primera coya** (o lo que es lo mismo, la mujer más poderosa e influyente) del mundo inca.

Imagínate una mujer nacida de los astros (hija del dios del Sol y de la diosa de la Luna) que lanzó su cetro dorado con tanta fuerza que este acabó clavado en Guayanaypata, de modo que así **fundó Cuzco** y lideró la victoria contra los guallas gracias a la honda que manejaba a la perfección. Sin embargo, con la llegada de los cronistas coloniales, la guerrera feroz **pasó de heroína a hechicera, incestuosa y aliada del demonio.**

Madre fundadora

Mama Huaco tenía siete hermanos: eran en total cuatro mujeres y cuatro hombres, todos hijos del dios del Sol y de la diosa de la Luna. El padre, Inti, los envió a la tierra con una misión: **fundar un templo del Sol allí donde su cetro se hundiese en la tierra**. Para ello, Mama Huaco lanzó dos cetros: el primero rebotó en la dura roca de Colcabamba (Perú) en lo que probablemente fuese una metáfora de la resistencia de los pueblos originarios a ser colonizados. El segundo se hundió sin esfuerzo en Guayanaypata, considerado el ombligo del mundo, que se convertiría en la piedra angular de la ciudad sagrada para los incas: **Cuzco**.

En la versión más bélica del mito, que se popularizó durante el Imperio inca, Mama Huaco no usó cetros, sino su honda magistral (esto, que suena a algo digno de superhéroe, era una especie de tirachinas): abatió a un guerrero gualla, corrió a su lado, lo desolló y le infló los pulmones con un solo soplo, un acto tan terrorífico que disolvió cualquier resistencia inmediata de los habitantes guallas, quienes, comprensiblemente, huyeron por patas. **Esa escena sangrienta allanó el camino para fundar Cuzco y consolidar el poder inca.**

Madre, hermana y esposa

Pero la historia de Mama Huaco no acaba ahí. El cronista Guamán Poma de Ayala recoge versiones en las que esta mujer es madre, hermana y esposa de Manco Cápac, un lío familiar típico de las mitologías que refleja una sociedad que transitaba de un sistema matrilineal, en el que los lazos de sangre y derechos de madre marcaban la pauta que seguir, hacia estructuras patriarcales de pareja conyugal. **Y es que, en su forma más primitiva, el mito de Mama Huaco no contempla la figura paterna y se ancla en la fuerza de los vínculos maternofiliales y fraternales,** un modelo social que privilegia la sabiduría de la madre y de la familia en su conjunto.

 El *multitasking* de Mama Huaco llegó a su máximo nivel cuando se convirtió en la primera coya, **la reina-sacerdotisa encargada de dirigir a las mujeres del templo de la Luna** y mujer principal del Inca, el soberano del imperio. Cumplía funciones administrativas y ceremoniales, como organizar matrimonios y repartir tierras, y ejercía su poder con tanto peso que, si el Inca se ausentaba o su consejo no se ponía de acuerdo, ella mandaba y tenía el voto decisivo. **Estaba al mismo nivel que su contraparte masculina y el imperio giraba también en torno a sus decisiones.**

Una diosa de su gente

Más allá de la guerra y del poder, Mama Huaco fue protagonista del desarrollo cultural del incanato como impulsora y portadora de la cultura: enseñó a sembrar el primer maíz en los valles de Cuzco y a hilar lana en telares que marcarían la identidad textil quechua, con lo que estableció un legado que sobrevive en cada poncho o manta tejida actualmente. Además, poseía poderes chamánicos, como conversar con **las huacas** o, para proteger a su pueblo, convocar a **los Apus**.

Espíritus de las montañas

Piedras sagrad

Aun así, la historia suele concederle todo el mérito a Manco Cápac, cuando en realidad muchas versiones sostienen que fue Mama Huaco quien de verdad sustentó el poder. La respetaban por su poderío en el campo de batalla, pero también por su conocimiento del cultivo y sus poderes chamánicos. O lo que es lo mismo, no solo por su fiereza, sino también por su conexión con la tierra.

Pero con la llegada de los conquistadores y los cronistas eclesiásticos, como Buenaventura de Salinas y Córdoba, nieto de conquistadores y paje de tres virreyes, **nació un relato paralelo: el de la hechicera engañadora que seducía a los hombres y hablaba con el demonio.** Eran narrativas pensadas para asociar la maldad al cuerpo femenino y así deslegitimar el mito fundador, y adoctrinar y evangelizar al pueblo. ¿Por qué? Pues básicamente porque, en el territorio inca, la élite femenina disfrutaba de una serie de cargos que la iglesia vincula a prácticas diabólicas, como el sacerdocio, la ritualidad y el curanderismo.

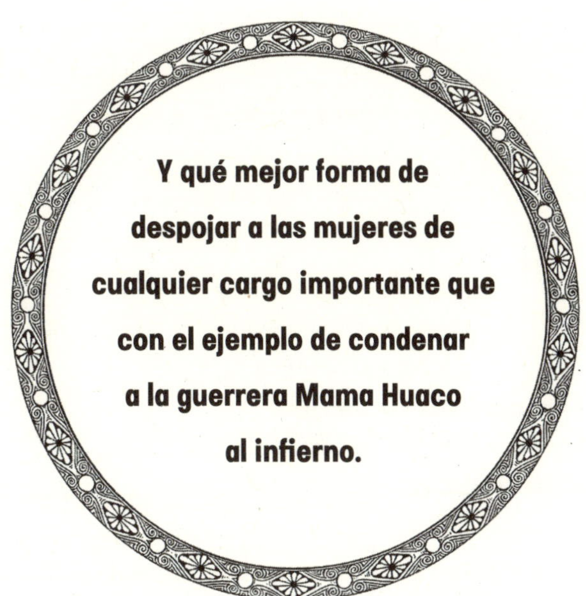

En la actualidad, en Perú todavía se honra a Mama Huaco como la heroína de la cultura quechua e, incluso, en la plaza Limacpampa de Cuzco se le ha dedicado un monumento conmemorativo. Aunque el tributo más común que puedes encontrar hoy en su honor es **la humita, un plato casero hecho con una pasta de maíz o granos de choclo triturados.**

La historia de Mama Huaco es otro claro ejemplo de cómo, una vez más, el poder femenino ejercido con determinación termina siendo tachado como peligroso y también inmoral. Es por esto por lo que **recuperar su voz, así como reivindicar su liderazgo, sirve para recordar que, a lo largo de la historia, las mujeres no solo han sido cuidadoras,** sino también constructoras de imperios, grandes estrategas militares y, ante todo, unas sabias guardianas de la tierra.

Aunque algunos historiadores consideran a **Manco Cápac** simplemente una figura mítica y ponen en duda su existencia como figura histórica, la mayoría de los autores lo reconocen como un personaje real basándose en algunas evidencias. Por ejemplo, **la existencia de su linaje**, la Chima Panaca, que conservó su estatus dentro de la nobleza incaica hasta la llegada de los españoles.

Por otro lado, **también existen vestigios arqueológicos**, como el palacio Inticancha (más conocido como Coricancha), que todavía hoy se conserva en el actual Cuzco y que, según las crónicas, fue construido por el propio Manco Cápac.

Por estas y otras evidencias, la historia oficial lo reconoce como un personaje histórico: **un caudillo y líder religioso** de una antigua tribu nómada que vivió entre los años 1170 y 1230, considerado antepasado de un linaje bien documentado en Cuzco.

Así pues, aunque muchos aspectos de su historia son claramente ficticios, su figura sigue teniendo un lugar importante en la tradición histórica andina.

GUERRERAS
y
HEROÍNAS

Las Amazonas

Antíope: reina amazona raptada por Teseo.

Aquiles: el «mejor de los griegos», hijo de Tetis.

Ares: dios de la guerra, hijo de Zeus y Hera.

Héctor: príncipe troyano.

Hera: diosa olímpica del matrimonio y las mujeres, *hater* número uno de Heracles.

Heracles: héroe griego, hijo de Zeus, famoso por sus doce trabajos y más conocido como Hércules.

Hipólita: reina de las Amazonas, hija de Ares.

Pausanias: historiador griego.

Pentesilea: reina amazona que lucha por Troya.

Pseudo-Apolodoro: autor del compendio sobre mitología griega *Biblioteca mitológica*.

Teseo: héroe ateniense, famoso por matar al Minotauro.

Tisífone: mujer troyana.

Si hablamos de mujeres guerreras de la mitología universal, seguro que el primer nombre que se te viene a la cabeza es el de las Amazonas. **En un mundo donde las mujeres casi siempre quedaban relegadas a papeles secundarios** (esposas, víctimas o premios para el héroe de turno), **las Amazonas llegaron para dar guerra.**

Literal y figuradamen[te]

Fuera de la norma

Las Amazonas eran bárbaras, es decir, extranjeras para los griegos. Eso ya dice mucho: todo lo que se salía de las expectativas griegas sobre género (el hombre dominante en la esfera pública y la mujer, en la privada) se consideraba raro o directamente indeseable. Las Amazonas, que habitaban ese espacio entre lo masculino y lo femenino, entre lo civilizado y lo salvaje, entre lo real y lo fantástico, **ponen en jaque la narrativa griega de lo que una mujer podía o no podía ser.**

Vivían en sus propias comunidades, lejos de los hombres: cazaban, luchaban, montaban a caballo y no le rendían cuentas a nadie. Y ni falta que les hacía. **Como grupo, funcionaban como una unidad**, lo que choca muchísimo con la obsesión griega por la heroicidad individual: Aquiles, Odiseo, Heracles... cada uno a lo suyo, buscando su momentito de gloria. **Las Amazonas**, en cambio, **eran un ejército unido.**

La más famosa de todas ellas es, muy probablemente, **Hipólita.** Fue reina de las Amazonas e hija de Ares, de quien heredó tanto las habilidades para el combate (de hecho, algunos la llaman *philoptolemoio*, «amante de la guerra») como un cinturón dorado. El mismo cinturón que Heracles tenía que conseguir en su noveno trabajo.

La traducción inglesa de ese cinturón es una joyita que muestra cómo la historia se moldea al antojo de quien la cuenta. En inglés lo llaman *girdle*, que hoy en día significa «faja». Hay quien opina que esa traducción es un intento de suavizar o ridiculizar a estas mujeres que reflejaban los miedos más profundos de los griegos.

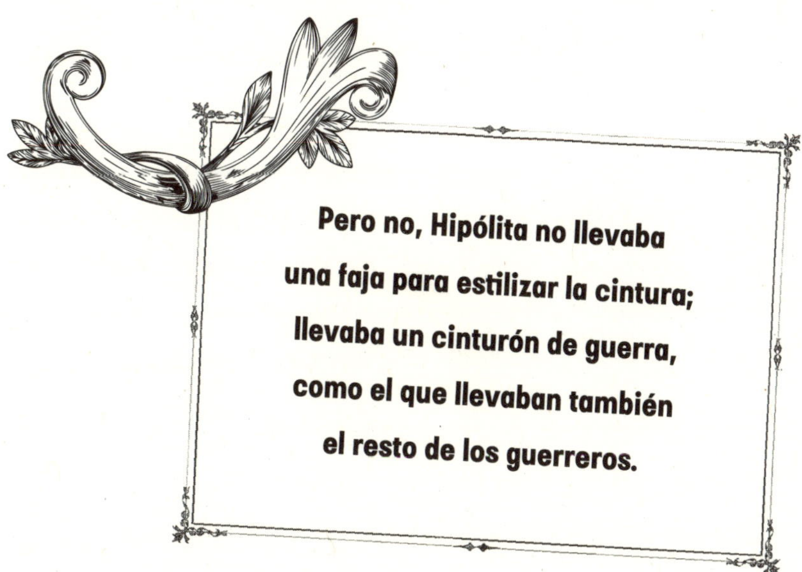

En lo que sí se diferenciaban las Amazonas del resto de ejércitos era en la ropa. Llevaban túnicas cortas encima de los pantalones o mallas con estampados, botas de cordones altas y pieles de animales. **Porque lo guerrero no tiene por qué quitarte lo divino.**

Secuestros, mentiras y muertes convenientes

Volviendo a ese trabajito de Heracles: el héroe llegó a Temiscira, en la costa sur del mar Negro, dispuesto a todo con tal de conseguir el cinturón. Hipólita lo recibió con los brazos abiertos y hasta le aseguró que se lo daría sin problema. **¿Y por qué cede tan fácilmente la reina de las Amazonas?** Algunos autores sugieren que se enamoró a primera vista de Heracles, pero yo prefiero pensar que tenía algún plan para quitárselo de encima... hasta que, claro, Hera metiera sus narices en el asunto.

Que Hera odiaba a **Heracles** no es ninguna sorpresa (ya sabes, por ese pequeñito detalle de que Heracles era hijo de Zeus con otra mujer), así que no es nada raro que no le gustara ni un poquito ver a las Amazonas tan panchas en su presencia y decidiera tomar cartas en el asunto: se hizo pasar por una amazona y empezó a extender el rumor de que los griegos querían secuestrar a Hipólita. Las Amazonas, claro, reaccionaron. Heracles, al ver la revuelta, pensó que todo había sido una trampa, **mató a Hipólita y se llevó el cinturón.**

Teseo, el héroe ateniense famoso por matar al Minotauro, también tuvo su propia historia con las Amazonas. Básicamente, raptó a Antíope, otra reina amazona. Esto provocó **la segunda amazonomaquia**, en la que las Amazonas invadieron Atenas para recuperar a su reina. Según algunas versiones, no fue un secuestro, sino que **Teseo y Antíope se enamoraron**. Esta versión hace a Antíope más débil y dispuesta a traicionar a sus hermanas por el amor de un hombre. Pero también resulta comodísima y muy reconfortante para quienes no soportaban la idea de mujeres que se apoyan entre ellas: aunque sean guerreras, siempre las puedes seducir o secuestrar. **O eso querían creer.**

¿Sabías que...?

Seguro que has escuchado alguna vez eso de que las Amazonas se quitaban un pecho para poder luchar y tirar flechas mejor. Bueno, pues son *fake news*. Este dato aparece primero en los textos de Pseudo-Apolodoro, pero lo cierto es que no consta en la literatura anterior ni se ve representado en la cerámica. Entonces ¿de dónde sale esta idea? Sencillo: **de la creencia de que la etimología lo explicaba todo**. La palabra «amazona» en griego está formada por el prefijo «a» ('sin') y «mastos» ('mama/pecho', de la cual deriva «mastitis»). Visto así, tiene todo el sentido, pero lo cierto es que «amazona» no era una palabra griega, sino un préstamo de otra lengua. ¿Cuál? Se han propuesto varias teorías, desde el nombre circasiano **«a-mez-a-ne»**, 'madre del bosque' (o de la luna) hasta el antiguo iraní **«ha-mazon»**, 'guerrero'.

Pentesilea o cómo perder y aun así ganar

El **mito de Pentesilea**, la reina amazona que combate en la guerra de Troya, nos viene de lujo para entender lo que las Amazonas representan. Pentesilea llega el último año del conflicto, acompañada, cómo no, de otras doce amazonas para luchar del lado troyano. El historiador Pausanias se pregunta cómo no se les han quitado las ganas de luchar después de las anteriores derrotas, pero, sinceramente, ¿tan raro es?

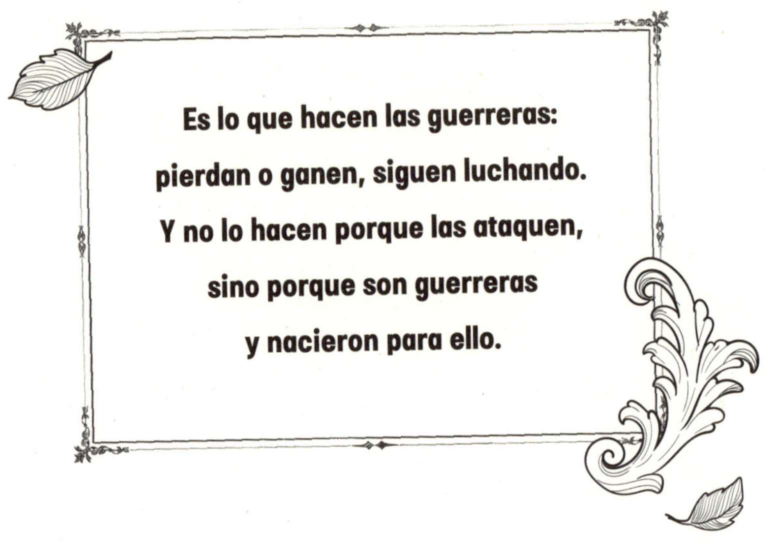

Pentesilea está en la lista de los mejores héroes de la *Ilíada*. Es la hija de Ares, el dios de la guerra. ¿Puede haber mejores genes para el combate? Bastante difícil. Nuestra heroína se enfrenta nada más y nada menos que al *aristos achaion*, el mejor de todos los griegos: **Aquiles.** Pero no creas que lo hace porque el destino quiso que se encontraran casualmente en el campo de batalla, no. **Pentesilea quiere esa pelea.** A diferencia de Héctor, que huye al ver lo loquillo que está Aquiles, ella va de frente. Lucha por la gloria, como Aquiles, pero también para defender una ciudad, como Héctor. Aunque esa ciudad ni siquiera sea la suya.

Y ahora te estarás preguntando por qué se mete Pentesilea en ese *fregao*. Según Pseudo-Apolodoro, el autor de una de las fuentes más completas sobre la mitología griega, había matado accidentalmente a su hermana Hipólita. Y ahora dirás: «¿A Hipólita no la había matado Heracles?». **Bueno, sí, pero ¿qué te crees?**

Por supuesto que hay otra versión: según esta, Pentesilea intentaba cazar un ciervo, pero tuvo tan mala puntería que acabó matando a su hermana. Por miedo a las Furias (diosas que se ocupaban de hacer pagar a quienes cometían homicidios contra familiares), buscó redención y penitencia luchando y muriendo en combate. De hecho, mostró más arrepentimiento y culpa que muchos otros personajes de la mitología que hicieron cosas muchísimo peores.

El papel de Pentesilea en la guerra de Troya nos deja otra imagen poderosísima, y es que la **amazona provoca que mujeres comunes y mortales se sientan lo suficientemente fuertes como para desafiar sus expectativas**. Tisífone, una mujer troyana, incita a más mujeres a unirse al combate. Cogen armas, listas para pelear, pero una sacerdotisa les quita toda la ilusión al decirles que no se pueden comparar a una hija del dios de la guerra, ni mucho menos luchar como ella.

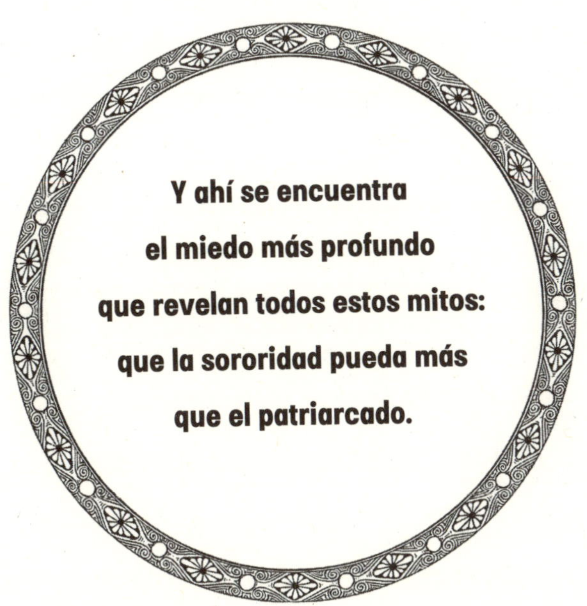

Por eso las Amazonas terminan tantas veces divididas, enfrentadas o derrotadas. No porque no pudieran ganar, sino porque la historia necesitaba que no lo hicieran. Pentesilea muere a manos de Aquiles, pero consigue lo que muchos héroes persiguen: fama y una muerte gloriosa.

En el fondo, **las Amazonas nos cuentan lo que pasa cuando las mujeres se salen del guion.** Cuando no son princesas, ni madres, ni musas. Cuando deciden luchar, mandar, conquistar y morir si hace falta. Como decía Pausanias, ¿no es raro que sigan peleando incluso después de tantas derrotas? ¿Qué clase de fuerza es esa que no necesita ganar para justificar su existencia? Pues quizá la única que realmente vale la pena: la que lucha porque sí. Porque tiene razones propias. Porque no espera permiso.

En la cultura popular...

La referencia más famosa a las Amazonas en la cultura popular es, probablemente, *Wonder Woman*.

Diana (llamada como la diosa romana de la caza) es hija de Hipólita y sobrina de Antíope. Igual que en la mitología, las Amazonas viven en Temiscira, pero en esta versión fueron creadas por Zeus para proteger a la humanidad de las guerras provocadas por Ares (algo un poco irónico si tenemos en cuenta que Ares es el padre de las Amazonas en la mitología griega). Diana, como Pentesilea, termina involucrándose en una guerra humana en la que ni pincha ni corta, pero lo hace para cumplir su propósito: **salvar a la humanidad** (bueno, y también por amor).

Atalanta

Afrodita: diosa olímpica del amor y el deseo.

Artemisa: diosa de la caza y símbolo de la virginidad y de la autonomía femenina.

Atalanta: heroína griega criada por una osa, cazadora, velocísima y rebelde.

Cibeles: diosa de la fertilidad de origen frigio, se la equipara con Rea.

Hipómenes: pretendiente y marido de Atalanta.

Meleagro: príncipe de Calidón.

Ovidio: poeta romano, famoso por sus *Metamorfosis*, entre otras obras.

Atalanta **es la única heroína de la mitología griega**, es decir, la única mujer con características prototípicas de héroes como Perseo, Odiseo, Teseo, decenas de -eos... No solo eso la hace especial, y es que casi todos los elementos de su historia tienen diferentes versiones: de quién era hija, dónde nació, con quién se casó... Podrían haber sido Atalantas distintas, aunque lo más probable es que fuese la misma y varios pueblos creasen su versión para apropiarse de ella y atar su historia a la figura de la heroína.

Pero vayamos por partes. Atalanta nació en Arcadia (en el Peloponeso) o en Beocia (en la Grecia Central) y su llegada al mundo fue... regular. **Su padre, decepcionadísimo por haber tenido una hija, la abandonó en el bosque.** Tristemente, este tipo de abandono no era raro en los mitos griegos, sobre todo si el bebé era una niña o estaba envuelto en alguna profecía (aunque esto siempre era drama asegurado, o si no que se lo digan a Edipo o a Paris).

Atalanta fue encontrada y criada por una osa y creció corriendo libre entre árboles y aprendiendo a pelear como las fieras. Cuando se hizo mayor, se unió al séquito de Artemisa, la diosa cazadora, y juró mantenerse virgen en honor a ella. **Según Ovidio, le pasarían cosas turbias si no lo hacía.**

De momento, vemos que **Atalanta es una heroína que se aleja y rechaza el rol social que le toca como mujer** y, por lo tanto, es una anomalía en el mundo griego. Es una chica que no quiere dejar atrás su estado de doncella bajo la protección de Artemisa para entrar en una nueva etapa que la obliga a convertirse en mujer adulta y madre.

Una heroína única en su especie

Aunque su historia está llena de momentazos, uno de los más famosos es **la caza del jabalí de Calidón.** Resulta que la diosa Artemisa, cabreadísima porque no la veneraban como debían, decidió mandar un jabalí monstruoso a arrasar la región. El rey, desesperado y preocupado por su pueblo, hizo un llamamiento a los mejores héroes de Grecia para que le ayudasen. Y, cómo no, para allí que fueron **los argonautas**, entre los cuales estaba Atalanta, la única mujer entre tanto macho man.

Como era de esperar, no todos los hombres estaban encantados con su presencia. Pero **Meleagro, el hijo del rey, se enamoró de ella al instante**. El jabalí, mientras tanto, se cargó a un par de cazadores y sembró el caos, pero entonces Atalanta, tranquila y precisa, lanzó una flecha que lo dejó tocado. **Meleagro lo remató, pero supo reconocer que sin ella no lo habría conseguido.** Por eso le regaló la piel del jabalí, que era el premio gordo.

Y claro, saltó la polémica. Los tíos de Meleagro, escocidos porque una mujer les había pasado la mano por la cara, intentaron quitarle la piel. Meleagro se cabreó, discutió... y acabó matándolos. **Todo por defender a Atalanta, pero ella seguía sin estar interesada.**

Por interés te quiero, Atalanta

Mientras tanto, las noticias sobre las increíbles hazañas de su hija fueron llegando a los oídos del padre de Atalanta a quien, **de repente**, tener una hija ya no le parecía tan terrible. La reclamó como suya, porque, claro, ahora sí valía. Atalanta regresó a su ciudad natal y, contra todo pronóstico, se reconcilió con su padre. Pero, como era común, **el señor lo primero que hizo fue intentar casarla**. ¿La acaba de recuperar y ya se la quiere quitar de encima? Pues sí.

Atalanta, que no era tonta, **puso una condición**: se casaría solo con quien pudiera ganarla en una carrera. Si perdía, moría.

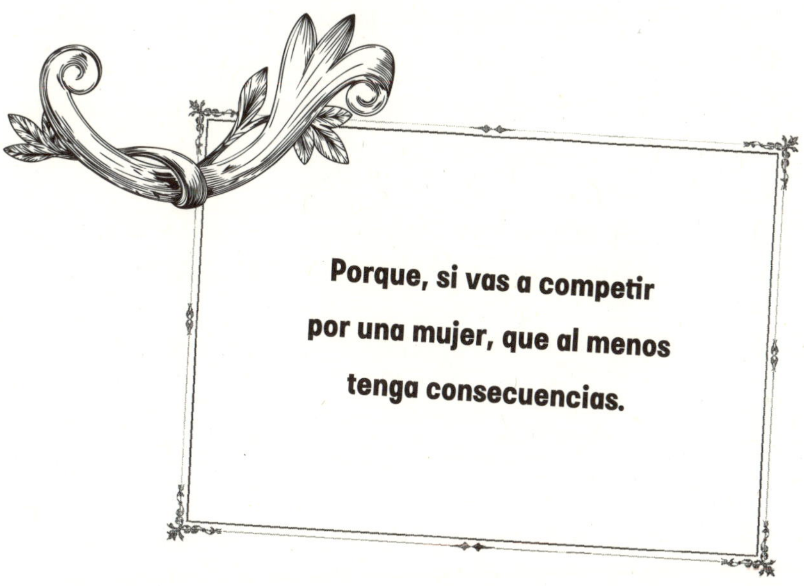

El padre aceptó encantado: **si nadie conseguía ganar a su hija, como mínimo él se quedaba con todos sus regalos; si alguien lo lograba,** aparte de los regalitos, **se quitaba de encima a Atalanta**.

Y ahí estaba Atalanta, compitiendo una y otra vez, vestida con armadura para que nadie dijera que jugaba con ventaja. Pero también para demostrar que **era distinta, más fuerte, más rápida, más todo**. Nadie la ganaba. Hasta que apareció Hipómenes. Otro que se encaprichó de ella, y otra vez, el interés no era mutuo.

Pero Hipómenes tenía un plan. Rezó a Afrodita, y la diosa, siempre fan del salseo, le dio tres manzanas doradas a cambio de que le hiciera muchas ofrendas. ¿El plan? Tirarlas durante la carrera para distraer a Atalanta, que no podría resistirse al *brillibrilli*. Y sí, Atalanta cayó. ¿Fue una carrera limpia? No. Pero tampoco importó. Hipómenes ganó, y se casaron.

Esa carrera amañada es mucho más que un golpe de suerte: **representa cómo el sistema ajusta las reglas para limitar la potencia de lo femenino.** Atalanta accede al reto porque ella misma establece las condiciones, pero acaba sucumbiendo ante el reclamo de lo bonito y llamativo. Es una muestra de un patriarcado que ofrece migajas de reconocimiento mientras mantiene el control total.

Una fiera por naturaleza

A pesar del tongo, parece que acabaron queriéndose mucho, tanto que no podían parar de besarse y tocarse. Según Ovidio, esto fue culpa de Afrodita, que, al ver que Hipómenes no cumplía su parte del trato y no le rendía culto, los castigó llenándolos de lujuria (o igual simplemente estaban enamorados y hacían lo que les apetecía).

En cualquier caso, la cosa se les fue de las manos. En un momento de pasión, Atalanta e Hipómenes acabaron liándose en un templo dedicado a la diosa Cibeles. Y claro, a ella no le hizo ninguna gracia. Los convirtió en leones y los condenó a tirar de su carro para toda la eternidad. ¿Lo bueno? Pues que los griegos creían que los leones no podían reproducirse entre sí, **así que el castigo también era sexual**.

Y sí, esos leones son los mismos que están en la fuente de Cibeles de Madrid. Así que la próxima vez que pases por allí, piensa en Atalanta, la mujer que corrió, luchó, resistió y acabó siendo libre, de una forma u otra.

pero ja, ja, no.

En la cultura popular...

En la serie de los noventa *Hércules: Sus viajes legendarios*, Atalanta aparece como una mujer fuerte, atlética y noble, dueña de una forja y experta en combate cuerpo a cuerpo. Aunque se aleja bastante de la versión mitológica, la serie conserva su espíritu indomable y su talento físico, si bien suaviza su carácter para convertirla en aliada y posible interés romántico de Hércules.

Por otro lado, en los cómics de **Marvel**, Atalanta aparece como una arquera prodigiosa cuyo origen como heroína mitológica se mezcla con elementos superheroicos y, pese a que no tiene un rol tan destacado como otros dioses griegos, se mantiene como una figura fuerte, valiente y con un sentido claro del honor.

Frey: hermano de Freya, dios de la fertilidad, la prosperidad y la paz.

Freya: diosa nórdica del amor, la belleza, la fertilidad, la guerra y la magia.

Hildisvíni: jabalí de crines doradas asociado con Freya.

Loki: dios del engaño y la travesura.

Odín: rey de los dioses Æsir, asociado con la sabiduría, la guerra y la muerte.

Óttar: humano devoto de Freya.

Völva: sacerdotisa y profetisa que practica el *seiðr*, una magia augural.

Es hora de viajar a las tierras frías del norte para conocer a Freya (literalmente 'dama' en nórdico antiguo), una diosa nórdica de lo más versátil.

Iba de un lado a otro montada en un jabalí de crines doradas o en un carro tirado por gatos negros, y, además, ejercía el *seiðr*, una forma de magia augural.

El **seiðr** (del nórdico antiguo *seiðr*, 'hilo' o 'cuerda') era una forma de magia y chamanismo centrada en «**tejer**» o reconfigurar el destino. Quienes lo practicaban (a menudo una **völva** o «**mujer vidente**») entraban en trance, a veces con una rueca o bastón ritual en la mano, para ver lo oculto, sanar, influir en la caza o el tiempo, y también para lanzar maldiciones o falsas predicciones en conflictos y batallas.

Freyja aparece en las fuentes como maestra de este arte y arquetipo de la völva, pero no es la única. **Odín** también practica *seiðr*; sin embargo, ese oficio tenía un estigma social: **un hombre que ejerciera *seiðr* podía ser acusado de *ergi* (afeminamiento)**, uno de los insultos más graves en la cultura nórdica. Pero bueno, ellos se lo perdían, supongo.

Es difícil investigar sobre el papel real de Freya debido a la influencia del cristianismo en la cultura nórdica. La mayoría de los relatos nos llegan a través de las *Eddas*, recopilaciones de historias relacionadas con los mitos nórdicos escritas en el siglo XIII en las que Freya aparece como la gran diosa del amor y la belleza, invocada en los partos y para atraer el éxito amoroso. Sin embargo, el folclore añade que fue igualmente guerrera y sabia, es decir, rompía con el cliché de dama dulce y pasiva que suele asociarse a las mujeres divinas: **ella es cariñosa con los suyos, pero también feroz en batalla**. De hecho, fue la única diosa de la mitología nórdica que **participó directamente en una guerra divina**.

Si hablamos de mitología nórdica, es probable que te suene el **Valhalla**. Ese salón paradisíaco y magnífico, liderado por Odín, el rey de los dioses, al que llegaban los guerreros que morían en combate y donde entrenaban eternamente hasta el Ragnarök, la batalla del fin del mundo. Bueno, pues no todos los héroes caídos en batalla iban allí: **la mitad iban al Fólkvangr, el campo celestial de Freya.**

A diferencia del Valhalla, este era un lugar más pacífico y fértil, asociado a la belleza y la conexión con la naturaleza.

Antes muerta que sencilla

A Freya le gustaban muchas cosas, pero sobre todo le fascinaban las joyas brillantes. En las Leyendas de los Enanos en la *Edda Prosaica*, Freya aparece como concubina de Odín, el todopoderoso rey de los dioses, que estaba completamente obsesionado con ella. Un día, Freya salió a dar una vuelta necesaria para su salud mental y se encontró con cuatro enanos en la forja, creando un collar pre-ci-o-so. La diosa no quería, necesitaba ese collar: ofreció oro, plata, todo lo que se le pasaba por la cabeza, pero, aun así, los enanos se negaban a venderlo, a no ser que... **Freya se acostara con cada uno de ellos.** Pasó una noche con cada enano y, a cambio, **consiguió su obra magistral.**

Y quizá Odín no se habría enterado nunca de la aventura de Freya si no hubiese sido porque **Loki, el dios del engaño**, había estado

espiando a Freya todo el rato y, sabiendo lo obsesionado que estaba Odín con ella, fue corriendo a contárselo. Furioso y celoso, Odín ordenó a Loki que le robase el collar. Y dicho y hecho: **Loki se transformó en una mosca y se coló en la habitación de Freya**. Cuando esta despertó y vio que su bien más preciado había desaparecido, supo a quién ir a cantarle las cuarenta.

Odín le confesó que tenía el collar, pero solo se lo devolvería si provocaba que dos reyes de Midgard (el mundo de los humanos) se pelearan hasta que un cristiano verdadero los matase. Freya, obviamente, aceptó, y **el collar regresó a ella**, y desde entonces es un símbolo de su poderío y su derecho a actuar según su voluntad.

Mientras tanto, en alguna parte de Midgard, dos reyes estuvieron dale que te pego batallando durante más de un siglo, resucitando cada vez que morían, hasta que un cristiano llegó y puso fin a sus míseras vidas. **Esta leyenda fue escrita por sacerdotes cristianos alrededor del siglo XIV para darle a la libertad sexual de Freya una connotación negativa** y para imponer los valores cristianos sobre la sexualidad en la cultura pagana nórdica.

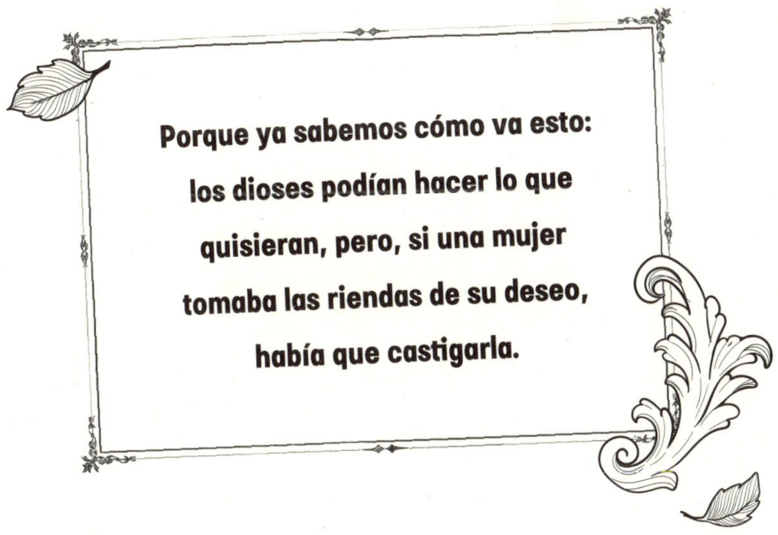

¿Por qué la libertad sexual de una diosa molesta más que las violaciones cometidas por dioses varones? Aunque la mayoría de los dioses practicaban la poligamia y violaban a mujeres, a ojos del patriarcado la promiscua acaba siendo Freya.

El bestie de Freya

Otro de los mitos más conocidos sobre Freya aparece en la *Edda Poética* y nos cuenta la historia de Óttar, un joven huérfano muy sabio, bueno y generoso. Además, era devoto de Freya (vaya, que lo tenía todo) y a ella le caía genial. Un día, llegó a sus tierras un hombre que quería ocuparlas, por lo que Óttar se vio obligado a demostrar su derecho sobre ellas, pero no sabía cómo hacerlo porque desconocía quiénes eran sus ancestros.

Aquí entra Freya, siempre preparada para echar una mano. Se presentó en casa de Óttar y **lo invitó a pasar el día en Asgard, el mundo de los æsir**, para solucionar el problema. Óttar aceptó y la diosa lo convirtió en **un jabalí** para facilitar el viaje. ¿Por qué? No lo sé, cosas de dioses.

De camino pasaron por el hogar de las völva, sacerdotisas y profetisas que practicaban la magia *seiðr*. Freya ordenó a una de ellas que recitara el árbol genealógico de Óttar enterito. Así se enteraron de que este estaba relacionado con reyes, reinas e incluso dioses, entre ellos el hermano de Freya, Frey.

Óttar pasó tremendo día en Asgard con los dioses y después volvió a su hogar, que fue suyo para el resto de sus días (de una manera u otra, pudo demostrar que sus ancestros eran los dueños de aquel lugar). Tuvo una vida feliz y plena y, según algunas versiones, después de morir pasó a formar parte del séquito de Freya como el jabalí Hildisvíni.

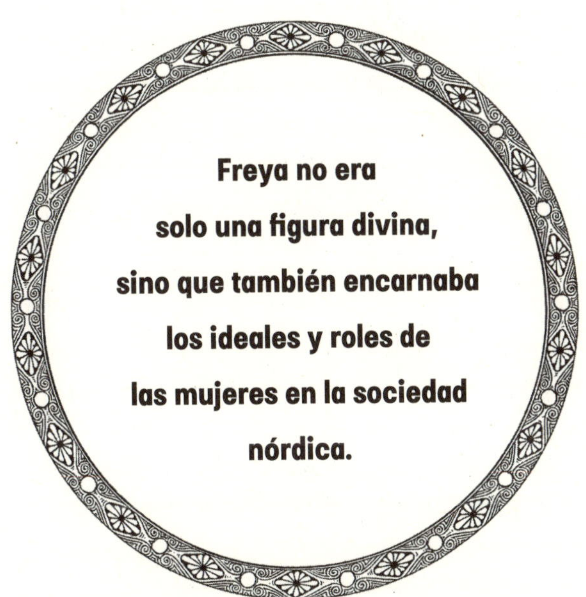

En una cultura donde las mujeres podían ser propietarias de tierras, participar en rituales religiosos y, en ocasiones, liderar en el campo de batalla, Freya representaba la combinación perfecta de todo eso. **Las mujeres vikingas disfrutaban de una libertad notable para su época**: podían heredar tierras, solicitar el divorcio y asumir roles de liderazgo en ausencia de sus esposos. Seguía habiendo ocupaciones consideradas de hombres, como la política o la guerra, y otras consideradas propias de mujeres, como todo lo relativo al embarazo y al parto, la economía doméstica y la educación de los hijos, pero eso no implicaba que estas últimas fuesen consideradas menos importantes; de hecho, se valoraban muchísimo, ya que transmitían tradiciones y conocimientos esenciales para la comunidad.

Aunque las historias están repletas de mujeres valientes y guerreras, hay pocos datos arqueológicos que lo respalden... por ahora. No hay duda de que algunas mujeres pudieron haber luchado en batallas o formado parte de grupos de saqueo, pero, por desgracia, parecen ser la excepción y no la norma. La figura de **Freya**, por tanto, **encarna la autonomía y el poder que las mujeres podían llegar a ejercer en la sociedad nórdica**. Su presencia en la mitología nos ofrece una ventana para reflexionar sobre cómo las narrativas antiguas pueden desafiar nuestras percepciones modernas sobre los roles de género y destacan la importancia de reconocer y valorar las contribuciones femeninas en todas las esferas de la vida.

En la cultura popular...

La figura de Freya ha trascendido los antiguos mitos para convertirse en un icono de la cultura popular contemporánea. Su presencia es notable en el mundo del entretenimiento: Freya aparece en videojuegos como *God of War*, en el que es retratada como una poderosa hechicera con un pasado complejo, y en *Assassin's Creed Valhalla*, donde su trasfondo mitológico se entrelaza con la narrativa del juego y permite a los jugadores explorar su legado.

Assur: dios supremo del panteón asirio, esposo de Ishtar.

Ea: dios de la sabiduría.

Enkidu: compañero de aventuras de Gilgamesh, amigo íntimo y potencial interés amoroso.

Ereshkigal: hermana de Ishtar y diosa del inframundo.

Gilgamesh: rey semilegendario de Uruk y protagonista de la *Epopeya de Gilgamesh*.

Ishtar: diosa mesopotámica del sexo, la fertilidad, el amor, la guerra y la justicia.

Kurgarra y Assinnu: seres de barro creados por Ea para revivir a Ishtar.

Tammuz: dios de la fertilidad y esposo de Ishtar.

Toro Celeste: criatura mitológica enviada por Ishtar como castigo a Gilgamesh y Enkidu.

Otra diosa multifacética como Freya es la mesopotámica Ishtar, también conocida como Inanna por los sumerios o Astarté por los fenicios. La historia del culto de Ishtar se remonta hasta el año 4000 a.C. y este se extendió a todas las civilizaciones de Mesopotamia: Asiria, Acadia, Sumeria y Babilonia.

Ishtar era una de las deidades más importantes del panteón mesopotámico. Como diosa del sexo y la fertilidad, no solo garantizaba descendencia y buenas cosechas, sino que presidía el amor y la sensualidad en el sentido más crudo, y se asociaba con el sexo explícito y el placer. En la mitología se la retrata con múltiples amantes que terminan muriendo por su culpa o los celos.

En su faceta de diosa guerrera, Ishtar protegía ciudades, legitimaba reyes y organizaba ejércitos. **Los sumerios creían que bendecía o castigaba con la justicia: de ahí su fama de impartir orden, tanto amoroso como marcial.** Era caprichosa y cabezona, y tenía muchísima sed de conquista, algo que retratan muy bien sus animales sagrados: los leones, símbolo de poder y liderazgo. También era portadora de los *me*, un conjunto de normas divinas que aseguraban la existencia de las contradicciones necesarias para que el orden y el caos existiesen en un equilibrio perfecto.

Un dato curioso relacionado con este componente de equilibrio perfecto es que, en un himno dedicado a Ishtar, se dice que tiene una barba como la de Assur, el dios asirio más importante y su marido, lo que ha dado a entender que **Ishtar era considerada una divinidad tanto femenina como masculina.** Esto podría estar también relacionado con su asociación con el planeta Venus, al que se le otorga un carácter femenino en el amanecer y masculino en el atardecer.

La *Epopeya de Gilgamesh*

La *Epopeya de Gilgamesh*, que data de aproximadamente el año 2100 a.C., **es el texto narrativo más antiguo que ha sobrevivido hasta la actualidad.** Su protagonista, Gilgamesh, fue un rey de la ciudad sumeria de Uruk (en el actual Irak), cuya existencia real continúa siendo objeto de debate entre los historiadores (en todo caso, se encuadraría dentro del período Dinástico Antiguo, en torno los años 2800-2500 a.C.). La trama narra las aventuras de Gilgamesh junto a su amigo Enkidu y su búsqueda de la inmortalidad después de la muerte de este.

El caso es que, en uno de los poemas que conforman esta epopeya, Ishtar conoce a Gilgamesh y quiere tema con él, pero este la rechaza soltándole perlas como **«eres solo un horno»** o **«un calzado que hiere a quien lo lleva»**. No contento con eso, Gilgamesh se centra en el historial amoroso de la diosa, recitando sus ligues y la mala suerte de sus amantes (digamos que Ishtar no tenía muy buena reputación sobre cómo trataba a sus líos). Además, era un secreto a voces que Gilgamesh y Enkidu tenían algo (aunque, cómo no, existe debate al respecto), así que Ishtar tampoco tenía muchas oportunidades.

La diosa, herida en su orgullo, envía al Toro Celeste, una bestia mitológica, para castigar a Gilgamesh y Enkidu. Pero los héroes lo matan, lo que lleva a los dioses a decretar la muerte de Enkidu como compensación. Y es esta pérdida la que impulsa a Gilgamesh a buscar la inmortalidad.

¿Cómo podemos entender ese rechazo tan *heavy* por parte de Gilgamesh? Pues ese propósito del protagonista es clave: es posible que el rechazo se deba al miedo a correr la misma suerte que los ex de Ishtar.

Pero, por supuesto, todo esto no sale de la nada; tiene su trasfondo histórico. **Como divinidad amorosa, Ishtar también protegía a las prostitutas y defendía el sexo por placer sin compromiso.** De hecho, los alrededores de sus templos se convirtieron en centros de prostitución comercial. **Esto chocaba con quienes querían controlar a la mujer y su cuerpo: ellos decían qué prácticas estaban bien y cuáles no.**

En el caso concreto de Asiria, se hicieron leyes para regular la sexualidad femenina y se estableció una distinción: las mujeres **«respetables»** se cubrían con un velo, y las mujeres **«no respetables»** iban con la cara al aire. Por lo tanto, el velo se convirtió en una señal de distinción y llevarlo era todo un privilegio.

Y no es casualidad que fuese en los centros intelectuales del estado asirio, dirigidos por una ideología androcéntrica, donde se tomó el control de la sexualidad femenina y se reescribió la *Epopeya de Gilgamesh,* con el fin de darle sentido al discurso moralizante y humillante de Gilgamesh hacia Ishtar.

El descenso al inframundo

En el discurso contra Ishtar, Gilgamesh menciona otro mito importante de la diosa: su descenso al inframundo y el trato a su marido, el dios de la fertilidad, Tammuz. Todo empieza cuando Ishtar decide conquistar el inframundo, gobernado por su hermana Ereshkigal. Para entrar, debía pasar por siete puertas y dejar en cada una de ellas una prenda o un adorno: la corona, las joyas, el cinturón... **Al final, llegó desnuda y sin poder ante su hermana, que la golpeó con su cetro y la mató.**

Con Ishtar fuera de juego, la tierra se sumió en el caos: nadie se reproducía, ni humanos ni animales. El dios de la sabiduría, Ea, creó a dos seres de barro, *kurgarra* y *assinnu*, para que la reviviesen y la llevasen de vuelta.

De nuevo en la tierra, Ishtar se reencontró con su marido, que, en vez de llorarla, había usurpado su trono y estaba disfrutando de todos sus lujos y de la compañía de otras mujeres. Ishtar hizo que unos demonios se lo llevasen al inframundo, pero luego lo echó de menos y decretó que podría vivir con ella medio año y el otro medio con Ereshkigal. **(Acuérdate de este mito, porque veremos algo muy parecido más adelante).**

Cuando leemos a Ishtar con una mirada feminista, nos surgen preguntas clave: ¿de verdad era esa «diabla caprichosa» a la que Gilgamesh pone a parir, o esas son lecturas patriarcales de sus mitos? Por ejemplo, la filósofa francesa Simone de Beauvoir apuntó en su libro *El segundo sexo* (1949) que a Inanna/Ishtar, igual que les hicieron a otras diosas, las marginaron para ensalzar a las deidades masculinas. Pero ojo, Johanna Stuckey, experta en Mesopotamia, rebate que no tiene sentido llamarla marginal cuando, en realidad, en su época era la jefa del cotarro. En resumen, **unas la ven como la mujer más salvaje del panteón mesopotámico y otras defienden que su omnipotencia es la prueba de que, en realidad, era la más importante de todas**.

La poeta y activista Judith Grahn va más lejos: para ella Ishtar es símbolo del amor y la justicia expansivos y una fuente de soberanía y autoestima para todas nosotras y para la comunidad *queer*; una diosa que celebra la pasión y el erotismo como motor social. Según Grahn, donde los viejos mitos la tachan de loca o demasiado sensual, las voces modernas la aplauden por romper moldes y exigir respeto mutuo. ¿Quién tiene razón? **Igual la respuesta no está en los extremos...**

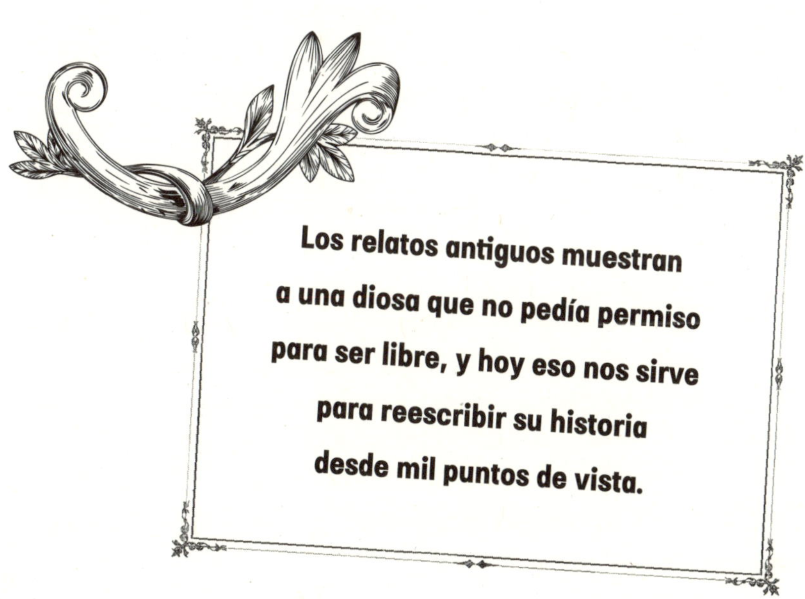

En el videojuego **SMITE**, Ishtar aparece como personaje jugable con un diseño que resalta **su dualidad como deidad del amor y la guerra**: una arquera poderosa que puede cambiar su estilo de combate y cuya historia evoca sus enfrentamientos con Gilgamesh y su descenso al inframundo.

Esta misma faceta vulnerable y poderosa se explora en el cómic **The Sandman**, de Neil Gaiman, donde Ishtar es retratada como una exdiosa convertida en bailarina exótica (aunque la serie fue adaptada por Netflix, y en ella el personaje de Ishtar desafortunadamente no aparece).

Además, la ópera **Istar** (1897), de Vincent d'Indy, interpreta musicalmente ese mismo mito: una pieza con siete variaciones, cada una representando una de las prendas que la diosa se quita al atravesar las puertas del inframundo.

Ogun: orisha de la forja, las armas de hierro, los bosques y la guerra. Primer marido de Oya.

Oya: orisha del viento, las tormentas, los cementerios, el tiempo y los mercados. Guerrera feroz y protectora de las mujeres.

Shango: orisha de la tormenta, el trueno, el rayo y el fuego. Apasionado, seductor y vanidoso.

Seguimos con diosas guerreras, pero esta vez nos vamos a África. En el oeste del continente, donde ahora se encuentran Nigeria, Benin y Togo, nace **la cultura yoruba.** Según los descubrimientos arqueológicos encontrados en la antigua ciudad de Ife, en Nigeria, podemos ubicar la aparición del pueblo yoruba alrededor del siglo VIII de la era actual. Con el tiempo, los yoruba formaron ciudades-estado, entre ellas el imperio Oyo, que alcanzó su *peak* en el siglo XVI. La fuerza militar y política del imperio Oyo fue clave para la expansión de la cultura yoruba alrededor del oeste de África.

En la mitología yoruba, el origen de la humanidad está vinculado a la ciudad de Ife, considerada el ombligo del mundo y el epicentro de la sociedad. Su religión giraba alrededor de **la veneración de los orishas, divinidades que representaban aspectos de la vida y de la naturaleza.** Cada orisha personificaba características humanas y fenómenos naturales, y los practicantes podían customizar su culto religioso escogiendo al orisha con el que se sentían más conectados.

La protagonista de este capítulo es **Oya, diosa guerrera y orisha del viento.** Se la representaba como una mujer guerrera, vestida de rojo y luciendo un turbante enroscado en unos cuernos de búfalo. **El número 9** era uno de sus símbolos, junto al búfalo y los cementerios, cuyas puertas vigilaba.

Oya era protectora de las mujeres, y se consideraba que aquellas que le rendían culto eran fuertes y unas líderes estupendas. También tenía habilidades destructoras y regeneradoras (se la llamaba «la desgarradora»), pues, como diosa del tiempo y guerrera habilidosa, podía provocar grandes devastaciones. Además, con sus cualidades persuasivas, Oya **gobernaba sobre los mercados y sobre los negocios.**

De «quédate en casa» a «lucha a mi lado»: así sí

Existe un mito que nos demuestra hasta qué punto amaba Oya la guerra y también cómo disfrutaba de hacer lo que le daba la gana. Oya tuvo un primer marido, Ogun, el orisha de la forja. Fue un matrimonio de conveniencia, así que había cero amor por ambas partes. Ogun había creado las armas de hierro y le encantaba ir a la guerra, pero solo con sus colegas; y a Oya siempre la obligaba a quedarse en casa.

Un día, Shango, el orisha de la tormenta, vio a Oya y se enamoró a primera vista. Decidido a conocerla, se trenzó el pelo, se puso sus mejores galas, se subió a su caballo blanco, y para allí que fue. Shango era *muy* guapo, y además lo sabía: de camino, varias mortales cayeron rendidas a sus pies, así que **estaba convencido de que Oya haría lo mismo**.

Oya se rio en su cara, y Shango no entendió por qué la diosa no había sucumbido a sus encantos. Oya le dio un repaso de arriba abajo y le dijo que le tendría que ofrecer mucho más que una cara bonita para conquistarla, a lo que Shango le dijo que la haría flipar en la cama y que sería el mejor marido del mundo mundial.

Oya le contestó que, desafortunadamente, ya estaba casada, pero **Shango no se rindió: le juró luchar a muerte contra su marido**. Ella se rio, asegurando que ya podía defenderse ella solita y tomar las decisiones por sí misma. Acto seguido, desenvainó sus dos espadas, invocó sus poderes del viento y procedió a darle tremenda paliza a Shango.

¿Crees que esto hizo que Shango la dejara en paz? Te equivocas. Eso solo consiguió que Shango se autoconvenciese todavía más de que había encontrado a su *match*. **Rogó a Oya que se uniese a él y luchara a su lado**, y esas fueron las palabras mágicas para desbloquear el amor de Oya, que se dio cuenta de que Shango la veía como una igual y la respetaba como guerrera. Se subió en el caballo de Shango y desde entonces fueron marido y mujer.

Quien siembra vientos recoge tempestades

Cuando Ogun se dio cuenta de que Oya lo había abandonado por Shango, juró vengarse. Le dio duro al ejercicio para ponerse más fuerte y reunió un ejército ultrapoderoso, preparado para desafiarlo. Las batallas entre los dioses sucedieron mayoritariamente en bosques, donde Ogun tenía ventaja, ya que contaba con la protección de los dioses de los bosques y la caza, sus aliados. Ogun era tan fuerte en su campo que Shango pensaba que no saldría de esa.

Aunque había prometido a Oya que lucharían juntos, en esa ocasión le pidió que se quedase en casa, ya que era un tema entre Ogun y él, pero, por supuesto, nuestra diosa guerrera se negó. Siguió a Shango en secreto y se mantuvo escondida, y, cuando Shango estaba a punto de perder, hizo su aparición estelar... **y comenzó a hacer girar sus nueve faldas.**

Eran faldas mágicas, obvio, con las que Oya provocaba que soplase el viento. Y así fue: **se levantó un viento tremendo que sopló tan fuerte que los guerreros, los árboles y hasta el propio bosque salieron volando.** Así, el dominio de Ogun se convirtió en desierto y Shango pudo derrotarlo.

Desde el minuto uno, ella decidió no conformarse con un papel que no era el suyo: cuando Ogun le prohíbe ir con él al campo de batalla, ella le dice: «No, gracias»; y cuando Shango apareció todo chulo creyendo que la tenía a sus pies, ella lo despachó en dos segundos porque no le interesaba un físico bonito por fuera y podrido por dentro. Esa actitud nos recuerda que, **para que una relación funcione de verdad, hace falta acuerdo y complicidad: si no te tratan como a una igual, ahí no es, amiga.**

Ese momento épico en el que Oya desenfunda sus espadas para darle una paliza a Shango nos demuestra lo que pasa cuando levantamos la voz y defendemos nuestro espacio. **No es cuestión de liarla por gusto, sino de poner límites justos.** Y ojo, eso no quita que también haya sitio para la ternura: es esa misma garra la que luego le abre la puerta a un compañero que la valora de verdad.

La cultura yoruba hoy en día

Durante **la época del tráfico de esclavos**, muchos yorubas fueron trasladados a América, sobre todo a Brasil, Cuba, Haití y Trinidad. Esto llevó a una expansión de la religión yoruba y de nuevos cultos a partir de la influencia de la cristiandad, como **la Santería en Cuba**, el **Candomblé en Brasil** o el **Vudú en Haití**. Dichas religiones mantienen características centrales del culto a los orishas, como la adivinación o la veneración a los ancestros.

También la música y la danza únicas de la espiritualidad yoruba han influenciado la vida cultural y religiosa de esas culturas en las que son típicos la percusión, el baile y los festivales.

Nanabolele: dragón de agua fosforito, imposible de matar (en teoría).

Nasilo: príncipe y fan número 1 de Thákane.

Thákane: princesa basotho multifacética.

Nos quedamos en África, pero ahora nos movemos hacia el sur del continente para conocer a Thákane.

Thákane era una princesa legendaria que tuvo que encargarse de sus dos hermanos pequeños… y bastante insoportables, la verdad. Su madre había muerto en el parto y su padre falleció unos años más tarde, cuando ella ya era adulta. **Así que le tocó a ella apechugar con todo.**

El pueblo basotho

El pueblo basotho tiene raíces profundas en Lesoto y partes de Sudáfrica. Su lengua es el sesotho y se organizan **en clanes** como los bakoena, los bataung y los batlokwa.

Su historia reciente está marcada por **Moshoeshoe I**, un líder que, en pleno caos del siglo XIX, logró unir a diversos grupos dispersos y fundar lo que es hoy en día Lesoto. Moshoeshoe I no era solamente un estratega brillante, sino también un diplomático nato: **ofrecía tierras y protección a quienes huían de conflictos**, para fortalecer así su comunidad.

La **espiritualidad** basotho es una mezcla de creencias ancestrales y cristianismo. Lugares como las cuevas sagradas de Motouleng y Badimong son testimonio de rituales que conectan con la naturaleza y con los ancestros.

Hoy en día, muchos basotho viven en Sudáfrica, descendientes de quienes migraron en busca de trabajo en las minas de oro. Sin embargo, **mantienen vivas sus tradiciones**, como el uso del *mokorotlo* (ese sombrero cónico tan distintivo) y las mantas basotho, que no solo abrigan, sino que cuentan historias y simbolizan identidad.

La princesa que hacía de todo menos reinar

Una de las muchas responsabilidades de la princesa Thákane era pasar tiempo con sus hermanos y prepararlos para que, algún día, pudieran gobernar.

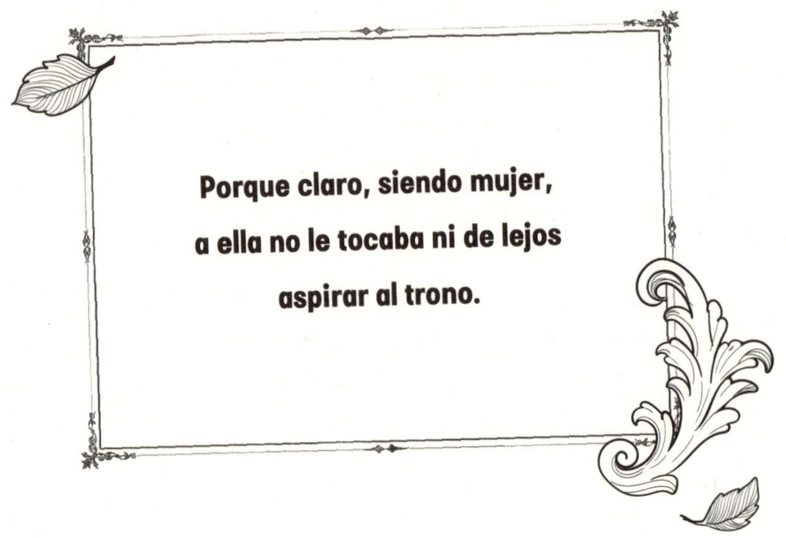

Pero eso sí: hacer de madre, padre, entrenadora personal y niñera, todo en uno, sí. ¿Y qué hacían sus adorables hermanitos? Quejarse. Que su padre habría hecho más por ellos, que Thákane tenía que esforzarse más… (Este rollo de exigir a las mujeres que se entreguen sin quejarse, pero sin darles el mismo poder que a los hombres… ya viene de lejos, ¿eh?). Y ella, en vez de mandarlos a paseo, lo dio todo. Por lealtad a su padre, sí, pero también por cabezona. Y gracias a eso acabó haciendo cosas bastante épicas.

Por ejemplo, uno de los pasos para formar futuros reyes era que aprendieran a luchar. Pero si fuera por ellos, se habrían quedado en la cama todos los días. Así que Thákane los arrastraba, literalmente, para que entrenaran, y gracias a ella consiguieron graduarse.

Ahora bien, en la ceremonia de graduación, el padre solía regalar a su hijo una armadura y un escudo hechos con la piel de una bestia que él mismo hubiese matado. **Como no había padre, la presión cayó sobre Thákane. ¿Y qué hizo?** Mató a un león con sus propias manos y les fabricó las armaduras y los escudos. ¿Agradecidos los hermanos? Pues no. Según ellos, todo el mundo tenía pieles de león, que eso ya estaba muy visto, y que, como hijos de un jefe, merecían algo más… exclusivo. Algo más imponente. **Un nanabolele.**

Los nanabolele eran unos dragones de agua gigantes que brillaban en la oscuridad y aparecían sobre una nube roja. Eran, básicamente, bestias imposibles de matar. O eso decían. Nadie creía que Thákane fuese capaz de enfrentarse a uno. Pero ella ya estaba hasta el moño de que la subestimaran, así que reunió a un grupo de amigos y se fueron de expedición a cazar un nanabolele. **¿Cuántas veces las mujeres han tenido que demostrar el triple que los hombres para que apenas se las tome en serio y aun así se duda de ellas?**

Llegaron a un río, lanzaron carne de buey como cebo y Thákane se puso a cantar una canción ritual para llamar a la criatura. Pero lo único que salió fue una rana, que les dijo que ese no era el sitio, que subieran más arriba. Así que siguieron, tirando carne y cantando, hasta que varios animales empezaron a asomarse para echarles un cable. **Porque, cuando una mujer está decidida, hasta la fauna se pone de su parte, como en las pelis de Disney.**

En uno de esos intentos, apareció una mujer mayor que les contó que los nanabolele habían destruido su pueblo y que a ella, por ser vieja, la habían dejado viva, pero como sirvienta. Ya estaba harta, así que los ayudó a esconderse.

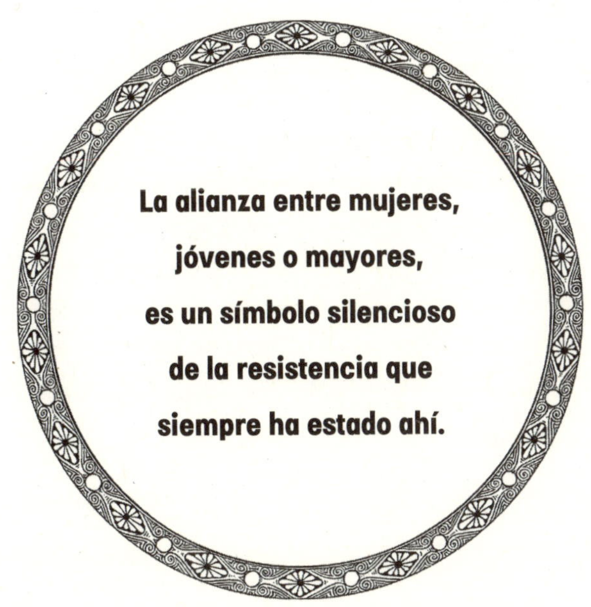

Cuando llegaron los nanabolele, olían a humanos, pero no los encontraban, y se acabaron durmiendo. En ese momento, Thákane se levantó, fue directa hacia el más grande y lo mató. La mujer les dio una piedra mágica para protegerlos en el camino de vuelta, que no fue precisamente un viaje tranquilo. Mientras huían, vieron que una niebla roja se acercaba. **Thákane lanzó la piedra mágica al suelo y...** Salió una montaña que bloqueó el paso de los dragones.

Cien ovejas y ni un perdón

Con la piel del nanabolele, Thákane hizo las armaduras y escudos para sus hermanos. Y esta vez sí que se quedaron calladitos. Según esta versión, le dieron cien ovejas como agradecimiento, lo cual la convertía en una mujer muy rica, o bien se casó con el hijo de un jefe y se convirtió en reina.

Resulta que un tal príncipe Nasilo se enteró de la misión y quiso unirse, pero su padre no lo dejó. Aun así, fue igual. Estaba tan alucinado con la valentía de Thákane que se fue enamorando poco a poco, pero ella estaba a lo suyo, que para amoríos ya habría tiempo. Después de la aventura, le dio una oportunidad y se casaron.

Este mito, como muchos otros, tiene capas que no siempre se cuentan. **Thákane no es solo una heroína que mata dragones: es una mujer a la que no dieron poder, pero que se lo ganó a pulso.** Que crio, protegió, luchó, y no lo hizo para ser amada, sino para hacer lo correcto. **En un mundo que la invisibilizaba, ella dejó huella.**

La mitología basotho

La mitología basotho **es rica en relatos transmitidos oralmente** que combinan elementos históricos, morales y sobrenaturales para reflejar la conexión del pueblo basotho con la naturaleza y sus ancestros, y así preservar su identidad cultural.

Los *liboko* (nombres de familias, clanes o tótems) explican la historia, la filosofía y los orígenes de cada grupo tribal. Las **odas familiares** sirven para identificar y diferenciar un clan de otro. Los *litoko*, también llamados cantos de alabanza, son canciones o poemas inspirados en la guerra y las batallas que se centran sobre todo en los grandes jefes que habían llevado a su pueblo a la victoria.

Tradicionalmente, **las abuelas contaban los *litsomo* a sus nietos al atardecer**, sentadas alrededor del fuego. Estas historias se utilizaban como herramienta educativa para guiar a los niños pequeños y advertirlos de las cosas de las que debían mantenerse alejados o ser conscientes.

VÍRGENES
INTOCABLES
(o no tanto)

Artemisa

Acteón: cazador experto cuya curiosidad lo llevó a atravesar el límite.

Apolo: hermano gemelo de Artemisa, nacido justo después de ella.

Artemisa: diosa de la caza, los animales y la virginidad eterna; independiente, feroz y dueña de su propio espacio.

Ifigenia: hija sacrificada por Agamenón en el nombre de Artemisa.

Ilitía: diosa del parto; hija de Hera y Zeus.

Leto: madre de Artemisa y Apolo.

Níobe: reina orgullosa que osó compararse con Leto y terminó pagando un precio terrible.

Zeus: rey del Olimpo; padre de Artemisa y Apolo (bueno, entre otros).

Imagina que tu plan de vida fuese **correr por el bosque con tus amigas, bañaros en lagos y en ríos, ignorar a los hombres... y repetir.** Bueno, pues así vivía la diosa griega Artemisa (Diana para los romanos). Era la diosa de la caza y los animales salvajes, y, como tal, su arma predilecta era el arco. De hecho, en la mayoría de las representaciones aparece tal que así: **con un vestido corto y su arco con flechas.**

Como cazadora habilidosa que es, Artemisa es una diosa difícil de captar en todo su esplendor. Según la región de Grecia, esta diosa tenía unas características u otras, o destacaba más en ciertos aspectos que en otros, lo que **a veces lleva a**

contradicciones: es la diosa de los animales salvajes, pero también los caza; es la protectora de las chicas jóvenes, pero a veces las demanda como sacrificio; puede curar a los humanos, pero también los mata de forma cruel e inesperada. Pero antes de intentar explicar estos matices, veamos el aspecto más conocido de Artemisa.

Mejor sola que mal acompañada

Ese era el lema vital de Artemisa. Le pidió a **su padre, Zeus**, que la dejara ser virgen para siempre, porque no quería ni ver a los hombres. **Ella y sus amigas vivían a su bola, sin maridos, sin hijos, sin cargas.** Y claro, esto la convertía en una rareza en un mundo mitológico (y real) donde a las mujeres se las valoraba por casarse, ser madres y no molestar demasiado. ¿Qué nos dice eso de las expectativas que siguen cayendo sobre las mujeres hoy en día?

Pero ojo, que la cosa se complica. Artemisa, a pesar de su rechazo a las relaciones y la maternidad, también estaba asociada al parto. De hecho, se invocaba su nombre para ayudar a las mujeres a dar a luz. ¿Cómo cuadra eso? Pues hay una historia bastante potente detrás. Su madre, Leto, fue una de las amantes de Zeus que sufrió la ira de Hera, esposa de este. En resumen, Zeus había intentado violar a la hermana de Leto, Asteria, que se escapó transformándose en codorniz, arrojándose al mar y convirtiéndose en la isla flotante Ortigia (lo que tenían que hacer las mujeres para escapar de las manos de ese ser da para otro libro). Hera persiguió a Leto y logró que nadie la acogiera, salvo la isla de Ortigia (es decir, Asteria), que estaba desierta.

Pero Hera no se rindió tan pronto: prohibió a su hija Ilitía, diosa de los partos, que ayudase a Leto a dar a luz. Cuando esta ya tenía un retraso de nueve días, sus dolores conmovieron al resto de dioses, que hicieron que naciese **Artemisa**, y esta, recién nacida, hizo de matrona y ayudó a su madre a dar a luz a **su hermano gemelo, Apolo.**

Una de cal y otra de arena

La virginidad se relaciona también con otra de las facetas de Artemisa: **la de protectora de las niñas y de las chicas jóvenes**. Estas, cuando llegaban a la edad de casarse, acostumbraban a hacer ofrendas en honor de Artemisa en las que le entregaban sus juguetes de la infancia, lo cual significaba que habían pasado ya a la edad adulta.

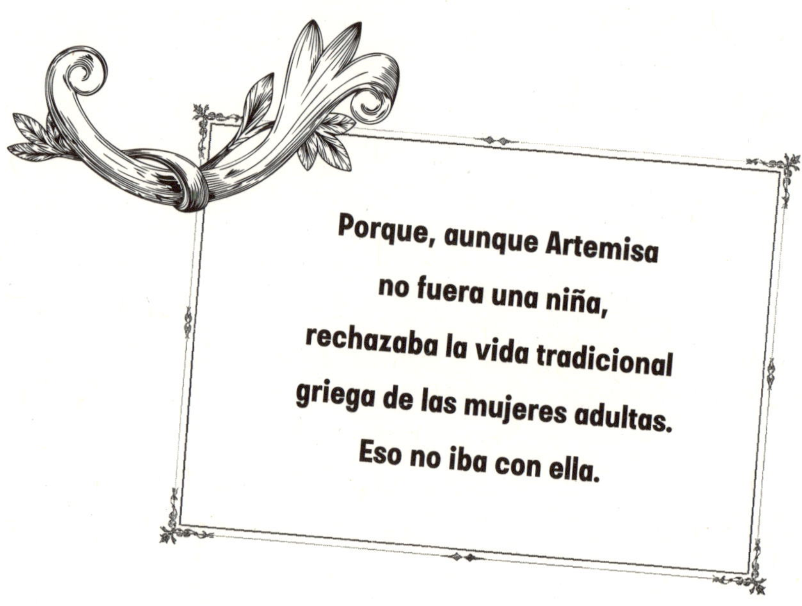

Pero, como he adelantado antes, Artemisa tenía fama de ser ¿fría? No, lo siguiente: **gélida, glacial, tan fría que quemaba**. Sobre todo, en sus interacciones con los humanos.

Existen varios mitos que lo reflejan, pero seguramente uno de los más conocidos es **el de Níobe, una reina de Tebas que se pasó de lista**. Níobe tenía catorce hijos y se burló de Leto porque «solo» había tenido dos. Pero vaya dos... Resultado: Apolo y Artemisa mataron a todos sus hijos menos a dos y Níobe lloró tantísimo que se convirtió en un manantial. **Dramón, lo sé.** Pero servía como recordatorio de lo que pasaba cuando una mujer se salía del guion establecido o se atrevía a alardear.

Lo de que los hijos terminen pagando por el ego extremo de sus progenitores no es nada nuevo en la historia de la mitología. Por ejemplo, ya hemos visto **en el apartado sobre Clitemnestra** que Artemisa reclamó el sacrificio de Ifigenia porque su padre, Agamenón, se había cargado a un ciervo **y dijo que ni Artemisa lo habría hecho mejor**. Tal y como cuenta el poeta griego Eurípides en su obra, Ifigenia acepta su muerte y no se queja de la injusticia porque sabe que así lo pide la diosa, pero sabe que no lo merece. De hecho, anima al coro a cantar un himno dedicado a Artemisa para que la diosa se posicione a favor de los griegos en la guerra de Troya.

Aunque la intención de Ifigenia y la melodía del coro en honor de la diosa no sirve de mucho, porque Artemisa finalmente acaba apoyando a los troyanos (de hecho, a nadie le sorprende que los dioses hagan lo que les da la gana, ¿verdad?), pero el cántico sí que sirve de algo: en el momento del sacrificio, Artemisa decide intercambiar a Ifigenia por un ciervo. *Flashforward*: Ifigenia termina en Táuride (la actual Crimea) **ejerciendo de sacerdotisa de Artemisa**.

Después de pasar un tiempo en Táuride, Ifigenia se trasladó a Braurón, una de las localidades más antiguas del Ática griega. Actualmente, en esta ciudad todavía quedan los restos del templo dedicado a Artemisa Brauronia, donde siguen celebrándose ritos y festividades en su honor, como **las Brauronias, una fiesta solo para mujeres que se celebraba cada cinco años y está relacionada con los osos**. Durante estas celebraciones, las chicas, llamadas «arktos», pasaban por un ritual denominado «arktéia» que servía como transición entre la infancia y la vida adulta: todas ellas iban vestidas con túnicas de color azafrán para imitar el pelaje de los osos y al mismo tiempo que reproducían los gestos de dicho animal.

Mérida, la Artemisa de Disney

Si has visto **Brave** de Disney, sabrás que su protagonista, **Mérida**, vive cabalgando con su caballo Angus, disparando flechas, subiendo montañas y pasando de todo lo que implique vestidos y matrimonios. Pero las expectativas tradicionales de su madre Elinor en cuanto a casarse y convertirse en una dama real adecuada chocan de frente con el deseo de Mérida de controlar su propio destino.

Personalmente, este arquetipo de **princesa independiente me recuerda muchísimo a la diosa Artemisa**, que representa la independencia, la ferocidad y el equilibrio de la naturaleza. Además, tanto para Mérida como para Artemisa, la libertad y la independencia están por encima de todo.

Pero la película no solo presenta paralelismos en la personalidad de Mérida. Ella, enfadada, busca la manera de que su madre cambie (de parecer, al menos), pero, en **un giro dramático** de los acontecimientos, acaba transformándola en osa «sin querer». La transformación de la madre también provoca una «transición» en Mérida, así como en las niñas que participaban en **las Brauronias**, que representaban su paso de niña a mujer.

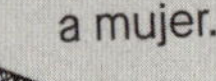

El cazador cazado: la lección inesperada de Acteón

Acteón era un cazador de élite, experto en rastrear venados por el bosque. Un día, mientras regresaba de una exitosa mañana de caza, se topó, sin querer, con Artemisa bañándose con sus ninfas en una fuente escondida. El mito lo describe como un accidente y mera casualidad. **¿Quién no ha sido protagonista de un encuentro «tierra, trágame»?**

Pero Artemisa, diosa de la virginidad y extremadamente celosa de su privacidad, lo vio y se enfureció. **Sin mediar palabra, lo convirtió en un ciervo, lo dejó sin voz y lo entregó a sus propios perros, quienes no lo reconocieron y lo despedazaron.** Aunque el mito no especifica en ningún momento la intención que tenía Acteón, su castigo se rige por la lógica de la *hybris* (la arrogancia que lleva a transgredir los límites impuestos por los dioses): al haber profanado, aunque fuera sin querer, un lugar sagrado, provocó la ira divina.

Acteón no era un monstruo ni tampoco era un violador; era un hombre curioso, un cazador ávido de héroes... hasta que él fue cazado.

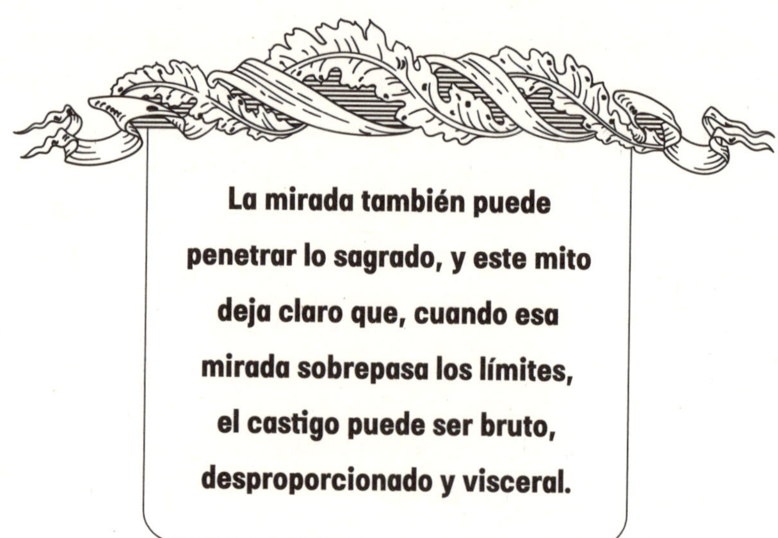

Aunque Artemisa tampoco actuó por venganza irracional: ella defendió su autonomía y el espacio femenino no domesticado. **Su acción es una defensa radical: quien cruza los límites sin permiso deja de ser un mero espectador.** Hoy, el mito de Acteón sigue vigente cuando enfrentamos debates sobre consentimiento visual y acoso. **Porque el respeto no es opcional, y lo que una mujer elige no mostrar nunca debería ser motivo de justificación para infligir violencia.**

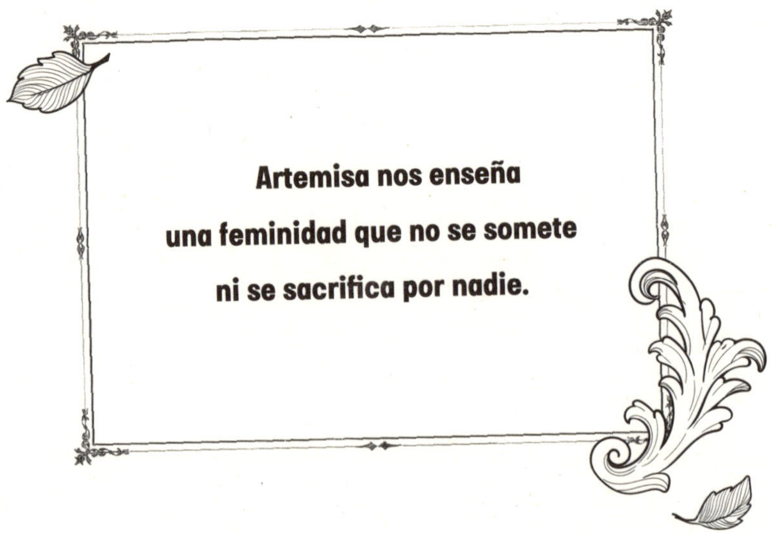

Una independencia feroz, que no pide permiso ni tampoco disculpas. **Artemisa representa todo lo que a las mujeres se nos ha dicho que no podemos ser**: fuerte sin suavizarse, libre sin culpas, solitaria sin estar rota. También representa la contradicción: es dura y a veces cruel, pero a la vez protectora y sabia. Porque no todas las diosas tienen que ser dulces ni maternales. **¿No merecemos también ídolas que no encajen en ningún molde?**

¿Sabías que…?

Hubo un punto en el que **Artemisa** se sincretizó con **Selene**, la titánide que representaba la Luna, y esta pasó a ser uno de los símbolos más característicos de la diosa. Hay quien opina que la relación de Artemisa con Selene se debe solamente a que su hermano Apolo se sincretizó con Helios, el Sol, pero no es ninguna novedad que la menstruación, y, por tanto, **las mujeres, han estado ligadas a las fases lunares desde la Antigüedad**.

Atenea

Alcmena: madre de Heracles, fue engañada por Zeus con apariencia de su marido.

Anfitrión: esposo de Alcmena, suplantado por Zeus para acostarse con ella.

Antíope: amazona violada por Zeus disfrazado de sátiro.

Apolo: dios del Sol y la música, también acumulador de acosos y poses problemáticas.

Aracne: chica a la que se le daba genial tejer, pero no tanto ser humilde.

Artemisa: diosa de la caza y los animales salvajes.

Asteria: titánide que se lanzó al mar para huir de Zeus.

Atenea: diosa de la sabiduría, la guerra, la artesanía y los héroes. Hija favorita de Zeus.

Cirene: cazadora seducida por Apolo en forma de león.

Dánae: princesa encerrada en una torre, fecundada por Zeus en forma de lluvia dorada.

Deméter: diosa de la agricultura, madre furiosa después de la desaparición de Perséfone.

Diomedes: héroe que atacó a los dioses en la guerra de Troya... y nadie lo castigó.

Dioniso: dios del vino y el éxtasis.

Egina: ninfa raptada por Zeus en forma de águila.

Eurígone: mortal engañada por Dioniso disfrazado de... (no te hago spoiler).

Europa: princesa fenicia raptada y violada por Zeus en forma de toro blanco.

Hefesto: dios de la forja; hijo de Hera, abridor de cabezas.

Hera: diosa del matrimonio y las mujeres; reina de los dioses (has leído un capítulo sobre ella, ¿o no te acuerdas?).

Hestia: diosa del hogar, hermana de Zeus, Poseidón, Hades, Hera y Deméter.

Leda: reina de Esparta, seducida por Zeus en forma de cisne.

Marpesa: mujer a la que Apolo intentó violar.

Medusa: gorgona con cabello de serpiente, víctima de Neptuno (Poseidón).

Metis: titánide de la inteligencia y la sabiduría; madre de Atenea.

Minerva: contraparte romana de Atenea.

Mnemósine: titánide de la memoria, madre de las musas tras una noche (o nueve) con Zeus.

Ovidio: poeta romano, escritor de las *Metamorfosis*.

Perséfone: hija de Deméter, secuestrada por Hades.

Poseidón: dios del mar, los caballos y los terremotos. Muy parecido a su hermano Zeus.

Zeus: rey de los dioses y devorador de mujeres.

La ciudad de Atenas es famosa, entre otras cosas, por su increíble acrópolis, cuyo templo principal, el Partenón, está dedicado a Atenea Parthenos, diosa que también da nombre a la ciudad. **Atenea era la diosa griega de la sabiduría, la estrategia en la guerra**, el estado, los héroes y la artesanía, y también la hija favorita de Zeus, aunque casi le cueste el trono.

El epíteto Parthenos hace referencia a su faceta como doncella virgen y no casada, característica que comparte con Hestia y Artemisa. Es cuanto menos sorprendente que la mitad de las diosas olímpicas decidan mantenerse al margen de la vida sexual y matrimonial si tenemos en cuenta que existían en un contexto histórico en el que las mujeres no tenían ninguna opción de rechazar esa vida. La escritora y filóloga clásica Natalie Haynes nos propone una reflexión: **¿acaso es porque las diosas, así como los dioses, están a otro nivel y pueden vivir vidas inimaginables para el ser humano?**

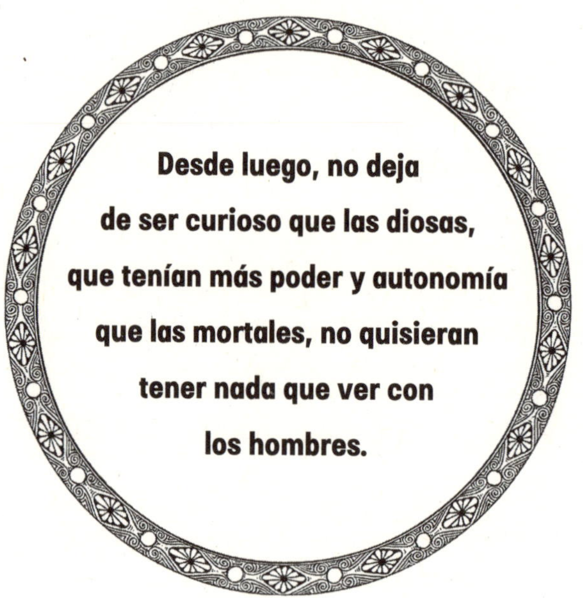

Pero, por supuesto, también hay algo de patriarcado escondido en este detalle, y es que, como defensora del estado, el orden y la ley, **Atenea participaba en un sector en el que las mujeres ni pinchaban ni cortaban,** y los hombres no podían permitir la erotización de una mujer que se relaciona con ellos en el ámbito público. Atenea debía ser pura para ser fiable para el patriarcado.

Aunque esto no era siempre respetado. Hefesto, dios de la fragua, se caracterizaba por ser más feo que Picio y, además, cojo (porque Hera lo tiró desde lo alto del Olimpo al ver lo poco agraciado que era). Un día, Atenea acudió a la fragua de Hefesto para pedirle unas armas y Hefesto intentó forzarla. La diosa, asqueada por la agresión, rechazó a Hefesto. De los restos de semen de este, que Atenea limpió con un pañuelo que luego lanzó a la tierra, nacería el primer rey de Atenas: Erictonio.

La historia se repite

Atenea nació sirviendo: el mito de su nacimiento es uno de los más interesantes. ¿Recuerdas cuando Cronos se zampó a sus hijos porque una profecía decía que lo iban a destronar? Pues a Zeus le pasó lo mismo. Antes de casarse con Hera, Zeus estuvo con la titánide Metis, que representaba la inteligencia y la sabiduría. Pues bien, oootra profecía determinó que la descendencia de la titánide destronaría a Zeus. ¿La solución de Zeus? Pues similar a la de su padre: **se comió a Metis enterita**.

Atenea siguió gestándose en el interior de Zeus, y este, al cabo de un tiempo, comenzó a sentir un tremendo dolor de cabeza que no se le iba con nada del mundo. **Acabó tan harto, que suplicó al dios Hefesto que le abriera la cabeza con un hacha.** Tras un fuerte hachazo, la cabeza de Zeus se abrió y de ella salió, preparada para dar guerra, la diosa Atenea.

Primero de todo, ¿podemos hablar de lo común que era en esa familia comerse a gente? Se nota que no existía una diosa de la terapia que los ayudara a solucionar sus *issues* de miedo a ser superados en poder.

Luego, si te parece que **el hecho de que Atenea naciera de la cabeza de Zeus tiene algún pequeño toquecito de misoginia...** Y es que la relectura de este mito nos da a entender que Atenea adquirió esas características por haber nacido de su padre, aunque, siendo Metis la titánide de la sabiduría, igual tiene sentido que esta característica fuese genética de parte materna.

Y yo me pregunto: ¿cómo habría sido Atenea si la hubiese criado su madre en lugar de un padre que temía que fuese demasiado poderosa? ¿No debería un padre querer lo mejor para su hija? Obviamente aquí hay otra lectura: para Zeus, devorar a Metis significaba asegurarse de que ninguna mujer podría derrocar el poder patriarcal que él personificaba. **La inteligencia de las mujeres suponía una amenaza, y como tal debía ser erradicada.**

A Atenea se la empequeñece en este sentido y también en otro: hemos visto que Atenea era la diosa de varias cosas, entre ellas, la artesanía. Y cuando nos ponemos a analizar su figura, nos puede parecer un poco... ¿chocante? Es cuanto menos curioso que una diosa que tiene poder en ámbitos considerados masculinos como la guerra o la política sea también la diosa que enseñaba a tejer a las mujeres. ¿A qué se debe esto? Pues a que, como diosa de la guerra y protectora del estado, **Atenea adopta un arquetipo que no le correspondería como mujer, así que, para asociarla con los roles femeninos, se le da un dominio femenino: el tejido.**

Tierra vs. agua: el combate Pokémon entre Atenea y Poseidón

Atenas no siempre se llamó así: mitológicamente, primero se la conocía como Cecropia, en honor a su mítico fundador, el rey Cécrope. Cécrope era una figura curiosa, mitad hombre y mitad serpiente, que gobernaba con sabiduría la prometedora ciudad-estado. A medida que Cecropia se hacía más próspera, los dioses le echaron el ojo. Concretamente eran dos los dioses que deseaban convertirse en los protectores de la ciudad: Atenea y Poseidón.

Para evitar un conflicto innecesario entre ellos, **Zeus intervino y propuso un concurso**: Poseidón y Atenea presentarían cada uno un regalo para el pueblo de Cecropia. Quien diese el regalo más valioso y beneficioso ganaría el puesto de protector y daría nombre a la ciudad.

El pueblo se reunió **en la colina de la acrópolis**, el punto más alto de la ciudad, para presenciar la competición divina. Poseidón dio un paso al frente y, con un dramático movimiento de su tridente, golpeó el suelo **con fuerza**. Inmediatamente, el agua comenzó a brotar de la tierra en una fuente deslumbrante.

A primera vista, **el regalo de Poseidón** parecía impresionante: una fuente de agua dulce podía significar prosperidad para cualquier ciudad. Pero cuando los ciudadanos la probaron, su entusiasmo se tornó decepción: el agua era **salada como el mar**.

Entonces, **Atenea**, con confianza, se arrodilló y plantó algo pequeño en la tierra. Al cabo de unos segundos, creció un olivo frondoso, con hojas plateadas y llenito de aceitunas. Atenea explicó que su regalo proporcionaría alimento, aceite para cocinar y para las lámparas, madera para construir casas y barcos, e incluso sombra para protegerse del sol abrasador.

A Cécrope no le costó mucho tomar una decisión. Mientras que el manantial de agua salada de Poseidón simbolizaba el poder salvaje, pero de utilidad limitada, el olivo de Atenea **representaba la sabiduría, la practicidad, la paz y la prosperidad** duradera.

Tras el triunfo de Atenea, la ciudad fue renombrada en su honor. **Así comenzó el legado de Atenas bajo la protección de Atenea**: una ciudad destinada a la grandeza gracias a la sabiduría y no solo a la fuerza bruta.

Tirando del hilo de Aracne

Atenea era también la diosa protectora de los héroes, entre los cuales podríamos decir, sin lugar a dudas, que **Odiseo era su favorito** (si has leído la *Odisea* de Homero, lo entenderás). En cambio, esa protección y el honor que sentía por los héroes distaba mucho de la actitud que tenía hacia las mujeres. Digamos que no tiene fama de tratarlas muy bien, o si no que se lo digan a Aracne.

Este mito nos lo cuenta Ovidio en sus *Metamorfosis*, por lo que no es Atenea exactamente la diosa que lo protagoniza, sino su contraparte romana Minerva (aunque, para no liarnos mucho, aquí usaré el nombre de Atenea).

Originaria de Lidia, Aracne era una chica a la que se le daba extraordinariamente bien tejer. Tanto, que la gente la felicitaba siempre e incluso la comparaban con Atenea. En la mitología grecorromana había varias cosas que no era buena idea hacer: ir en contra de profecías, compararse con los dioses... Aracne fue poco precavida y nunca agradeció a Atenea su don; de hecho, afirmó ser mejor que ella.

A la diosa esto no le hizo ni pizca de gracia, pero aun así decidió darle una oportunidad a Aracne. Se presentó ante ella con la guisa de una anciana y la advirtió de que no debía creerse la reina de las tejedoras y de que debía dar gracias a Atenea. **¿Crees que Aracne le dio la razón? No.** De hecho, lo empeoró todo diciendo que estaba segura de que podría ganar a Atenea en un duelo de tejer.

Y esa fue la gota que colmó el vaso. Atenea se quitó el disfraz de anciana y le dijo a Aracne: «¿Un reto, dices? No se hable más» (al fin y al cabo, estaba desafiando a la diosa más competitiva donde las haya). Ambas se pusieron manos a la obra y tejieron verdaderas obras maestras: Atenea ilustró su victoria ante Poseidón para conseguir el patronazgo de Atenas y el olivo que regaló a la ciudad, a Zeus como un rey y a la diosa de la victoria. En las esquinas añadió cuatro castigos que los dioses habían aplicado contra los mortales por cometer delitos de hubris, es decir, avaricia y arrogancia (o sea, lo que estaba haciendo Aracne al considerarse mejor que Atenea).

Por su parte, Aracne comenzó bordando los amoríos de Zeus: Europa raptada por un toro blanco, Asteria agarrada por un águila, Leda bajo las alas del cisne. También cómo Zeus, bajo la apariencia de un sátiro, violó a la amazona Antíope, o cómo se hizo pasar por Anfitrión para pasar la noche con Alcmena. Añadió así mismo a Dánae, a Egina, a Mnemósine, a su propia hija Perséfone (lo de Zeus es algo que nunca dejará de sorprenderme).

Pero no solo pilló Zeus, Aracne también tenía para Poseidón: haciéndose pasar por caballo para tener sexo con Deméter, acosando a Medusa en el templo de Atenea... Y de igual modo representó a Apolo: como un azor para violar a Marpesa y como un león con Cirene. **Finalmente, bordó a Dioniso, que en forma de uva engañó a Erígone.** Quizá te hayas hecho un lío con tanto nombre, así que permíteme redirigirte al *dramatis* del inicio del capítulo para aclararte el cacao.

En pocas palabras, **Aracne ilustró por qué no le daba la gana venerar a los dioses**, Atenea incluida, y es curioso que decida bordar todas esas violaciones cuando el libro de las *Metamorfosis* en sí está repleto de violaciones. Vuelvo a citar a Natalie Haynes aquí porque la autora nos cuenta que **hay cierta tendencia en el academicismo a minimizar las violaciones y agresiones sexuales** cuando estas suceden lejos, tanto en espacio como en tiempo, excusándose en que la gente tenía o tiene otros valores y, por lo tanto, hay una justificación.

El caso es que Ovidio (tomándome la libertad de intentar adivinar sus pensamientos) debió de ser algo consciente de que los acosos sexuales generaban cierta controversia, pues él como autor es conocedor de los sentimientos de Aracne hacia las acciones de los dioses y le da un espacio para expresarlo. Atenea le dice: «Mira todo lo que os hemos dado los dioses», y Aracne le contesta: «Ok, pero ¿a qué precio?».

Atenea no puede encontrarle ninguna pega a la obra de Aracne, pero aun así se siente atacada y se carga el tapiz. Es casi como si Atenea estuviese de acuerdo con lo que Aracne hizo: muchas veces, romper algo por rabia es un comportamiento típico de alguien que no puede ni aceptar ni negar dicha cosa. Además, Aracne es castigada por cometer hubris: Atenea la golpea varias veces con una madera del telar y Aracne se dispone a ahorcarse con una cuerda. En ese momento, Atenea parece recuperar algo de piedad y la salva de la muerte convirtiéndola en una araña, destinada a tejer para siempre.

Pero el daño ya estaba hecho. Y es que ese comportamiento de Aracne y el aprovechar la oportunidad de demostrar ser mejor era bienvenido en los héroes masculinos, **pero penalizado en las mujeres** (nadie castiga a Diomedes en la *Ilíada* cuando ataca a los dioses en el campo de batalla). ¿Es que demostrar ser mejor luchando que los dioses es heroico para un hombre, pero demostrar ser mejor tejiendo que una diosa es vergonzoso para una mujer?

Quizá debería haber dedicado este capítulo a Aracne directamente, pero Atenea es una diosa fascinante y contradictoria que nos invita a reflexionar sobre muchas cosas.

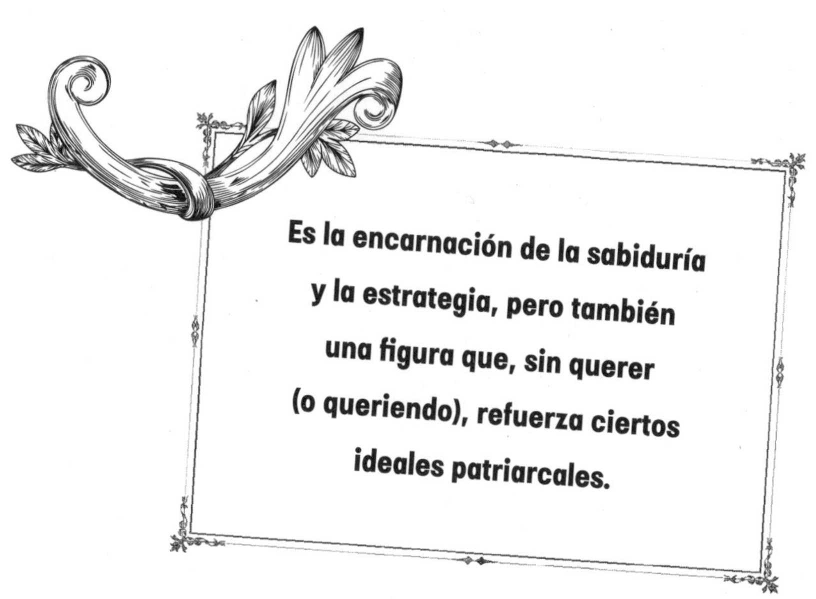

Representa el poder femenino, pero uno que ha sido moldeado por las reglas masculinas. Y si bien no sabemos cómo habría sido Atenea si hubiese crecido al lado de Metis y no en la cabeza de su padre, sí sabemos que su historia, como la de Aracne, nos sigue hablando de los mismos dilemas: ¿qué pasa cuando una mujer brilla demasiado? ¿Por qué sigue provocando tanto rechazo que una no quiera encajar en lo que se espera de ella? Fácil: molesta e incomoda. **Pero como Atenea, tejemos nuestras contradicciones y seguimos dando guerra.**

En la cultura popular...

Atenea tiene varias apariciones estelares en la cultura pop, como la serie animada de **Hércules**, *Xena: la princesa guerrera* o, por supuesto, la **saga Percy Jackson**. También es un personaje principal en el videojuego *God of War*, en el que aparece como aliada del protagonista, Kratos.

Rea Silvia

Aca Larentia: mujer de Fáustulo.

Amulio: tío de Rea Silvia, usurpador del trono.

Ascanio: hijo de Eneas y fundador de un linaje que cambiaría el destino del Mediterráneo.

Fáustulo: pastor que encontró a Rómulo y Remo y los crio hasta que fueron mayores.

Luperca: loba que crio a Rómulo y Remo.

Marte: dios romano de la guerra que aparece cuando menos se le espera… y no siempre para bien.

Numitor: rey de Alba Longa, padre de Rea Silvia.

Proca: rey de Alba Longa y abuelo de Rea Silvia.

Rea Silvia: princesa de Alba Longa y vestal; madre de Rómulo y Remo.

Remo: uno de los gemelos más famosos de la historia, con su propia visión.

Rómulo: el otro gemelo, con una idea muy clara de cómo fundar una ciudad.

Lo prometido es deuda. En el capítulo sobre Dido te contaba que Eneas era antecesor de Rómulo y Remo, pero hay una figura sin la cual no podemos explicar esta historia: **Rea Silvia**, la madre de estos gemelos legendarios.

Contextualicemos un poco: Ascanio, hijo de Eneas, fundó la ciudad de Alba Longa en el Lacio, Italia. Cuatro siglos más tarde, alrededor del VII y VIII a.C., allí reinaba Proca. Cuando este murió, el trono pasó a Numitor, padre de Rea Silvia. Pero el hermano de Numitor, Amulio, era un poco celosillo, así que expulsó de Alba Longa a Numitor, ejecutó a los hijos de este y a Rea Silvia la convirtió en vestal. Las vestales eran sacerdotisas de la diosa del hogar, Vesta, y como tales tenían la condición de ser vírgenes. **Amulio hizo vestal a Rea Silvia bajo el pretexto de «honrarla», pero realmente fue para evitar que tuviera descendencia.**

Las **sacerdotisas de Vesta**, diosa del fuego y el hogar, eran fundamentales para la continuidad y seguridad de Roma. Eran una excepción en el mundo sacerdotal, ya que este (como todos) era dominado por los hombres. Para ser escogida como vestal, la mujer debía ser virgen e hija de padre y madre patricios, es decir, descendientes de los fundadores de Roma. Estaban **exentas de las obligaciones típicas de las mujeres** como casarse y tener hijos; es más, tenían que hacer un voto de castidad para dedicarse exclusivamente al estudio y a la supervisión de los rituales que no podían realizar los sacerdotes hombres, como la preparación de la mola salsa, un preparado parecido a las gachas que se utilizaba en los sacrificios y que preparaban únicamente durante la celebración de las Vestalias.

Cuando era escogida, la vestal era llevada al templo, donde se le cortaba el pelo para ofrecerlo a la diosa. **Su servicio duraba treinta años**: diez de aprendizaje, diez dedicados al oficio como tal y diez destinados a la instrucción de nuevas vestales. Después podían casarse si querían, pero no era lo habitual.

Su mayor responsabilidad era **mantener encendido el fuego sagrado del templo de Vesta**, situado en el Foro Romano. Si el fuego se apagaba, el Senado se reunía para averiguar las causas, se purificaba el templo y se volvía a encender el fuego con luz solar. La vestal encargada de vigilar el fuego cuando este se apagaba era azotada.

Las vestales **también tenían privilegios** que el resto de las mujeres de la época no podía ni siquiera soñar, como gozar de sus propias posesiones sin necesidad de un tutor. También podían absolver a condenados a muerte si se los encontraban por casualidad de camino a su destino final, y cualquier ofensa contra ellas podía ser condenada a muerte.

Pero **lo peor que le podía pasar a una vestal era perder la virginidad**. Era infinitamente peor que el que se apagase el fuego y comportaba la pena de muerte sí o sí: lapidación, decapitación, ser enterrada viva...

Y no creas que el amante se iba de rositas, también acababa en el otro barrio. **Y es que la castidad de las vestales era simbólica**: la violación de las vírgenes intocables significaba la violación de las murallas de Roma.

Volviendo a nuestro relato, de todas formas, a Amulio le salió mal la jugada, porque no contaba con que, por mucho que Rea Silvia intentase o quisiera mantenerse virgen, los hombres y los dioses podían hacer lo que les diese la gana. Y eso hizo **el dios Marte**.

Según nos cuenta Ovidio en sus *Fasti*, la joven iba por un prado buscando agua para lavar sus objetos sagrados. Cansada, se sentó al lado del río, se soltó el pelo y se aflojó la ropa, y en las sombras de los árboles y con el sonido de los pájaros, se echó una siestecilla.

Ahí es cuando Marte la ve, la viola, y se pira. Ovidio lo cuenta en una simple frase: «Marte la ve, desea a la que vio, posee a la que deseó y con su divino recurso disimuló su asalto». En esta versión, **Rea Silvia no se entera de nada de lo ocurrido, por lo que el violador se invisibiliza y la víctima no se reconoce**, sino que somos los lectores los que tenemos que interpretarlo como tal.

De ese abuso nacen los gemelos Rómulo y Remo. Al dejar de ser virgen, Rea Silvia ya no tiene sitio entre sus compañeras vestales, así que desaparece de la historia (según la versión, su tío Amulio la encarcela). De hecho, Rea es únicamente un *cognomen* (un mote usado en la antigua Roma para destacar rasgos de una persona) y el concepto «rea femina» se emplea para designar a la mujer que ha perdido su honor. Amulio también ordena que los gemelos sean lanzados al río Tíber, pero el pastor que tenía que hacerlo no fue capaz y, en vez de eso, los dejó en el río, pero dentro de un cesto.

La corriente los llevó hasta un pantano entre los montes Capitolio y Palatino, donde fueron encontrados y cuidados por **la famosa loba capitolina**, llamada Luperca, y **un pájaro carpintero**. Bueno, no es casualidad: ambos eran animales sagrados para el dios Marte. Y tal vez pienses: «Oh, qué bonito, el padre los protege...». **Para nada. Esto simboliza la maternidad**

que le es arrebatada a Rea Silvia, pues es la loba la que da el primer alimento y brinda los primeros cuidados a los gemelos.

El tema de la loba también es interesante porque, como expone Tito Livio, es posible que tuviera un doble sentido. El pastor Fáustulo encontró a los niños más tarde y los crio junto a su mujer, Aca Larentia, que era una famosa prostituta. En latín, *lupa* significa tanto 'loba' como 'prostituta', así que es posible que la loba fuese más una referencia a Aca Larentia que una loba literal.

Pero volvamos con Rómulo y Remo. Cuando se hicieron mayores, Fáustulo les contó la historia de su familia y **los gemelos decidieron tomarse la venganza por su mano**. Mataron a Amulio y le devolvieron el trono a Numitor. Se marcharon de Alba Longa para no quitarle el trono a su abuelo y pensaron dónde fundar su propia ciudad. Rómulo quería fundar Roma en el monte Palatino, y Remo quería fundar Remoria en el Aventino.

Al ser gemelos, ninguno podía considerarse el primogénito, así que no podían escoger quién reinaría de esa manera. Solución: **decidieron que quien viera más buitres sería el rey** (porque, para los romanos, los buitres eran mensajeros divinos y su número revelaba la voluntad de los dioses y el favor de Marte). Y ganó Rómulo, que trazó los límites de la ciudad y pidió que no se traspasaran mientras se realizaban las ceremonias para bendecirla, pero Remo se lo pasó por el forro. Los gemelos se enzarzaron en una pelea que acabó con Remo muerto. **Rómulo lo enterró donde Remo quería fundar Remoria y, finalmente, fundó Roma el 21 de abril del 753 a.C.**

La fundación de Roma es un mito plagado de violaciones, y es que, al fundar Roma, la mayoría de los habitantes y personas que llegaban a la ciudad eran hombres, por lo que pronto vieron que no iban a durar ni una generación si no encontraban más mujeres. ¿Y de dónde las iban a sacar? Pues de los pueblos vecinos, como explica muy bien **el mito del rapto de las sabinas**, en el que los romanos organizaron una fiesta para atraer a dichos pueblos y luego secuestraron a las mujeres para forzarlas a casarse con ellos.

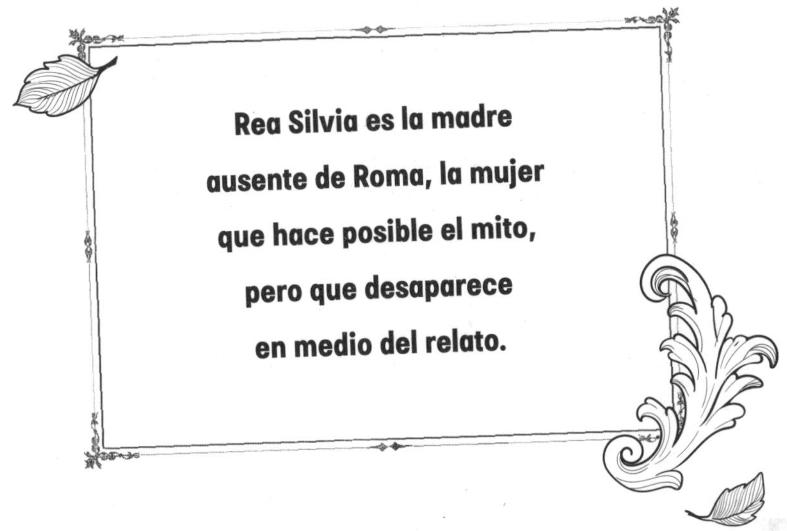

Esa desaparición nos hace cuestionarnos: **¿cuántas mujeres han sido esenciales para lograr grandes hazañas, pero jamás han sido reconocidas?** Asimismo, su figura también nos recuerda que **el poder femenino no siempre se manifiesta de forma heroica: a veces es violado, manipulado y silenciado.** Rea Silvia nos empuja a recuperar esas historias invisibles, a reconocer los huecos que dejamos cuando ignoramos el origen de tantos logros. **Porque sin Rea Silvia, ni Rómulo, ni Remo, ni Roma existirían.**

En la cultura popular…

El pintor flamenco Rubens representó el mito de Rea Silvia en su cuadro **Marte y Rea Silvia** (1617), escena que también podemos observar con detalle en el sarcófago *Mattei*, en el Museo de la Civilización Romana.

Una referencia más atípica la encontramos en el universo: Rheasilvia es el nombre del cráter más grande del asteroide Vesta, el tercero de mayor tamaño del cinturón de asteroides. En realidad, no es algo tan raro, pues **el espacio está plagado de nombres provenientes de la mitología grecorromana.**

HECHICERAS
y
BRUJAS
PODEROSAS

Baba Yaga

Baba Yaga: bruja de la mitología eslava, unas veces buena, unas veces mala.

Vasilissa: niña protagonista de un cuento de Baba Yaga.

La primera protagonista de este capítulo es **Baba Yaga, la bruja clásica de los cuentos de hadas rusos**. Aunque realmente en estos cuentos no se la califique como bruja, la mayoría de las personas de Rusia o que han nacido escuchando estos relatos la consideran como tal.

**Pero primero de todo…
¿qué es una bruja?**

Qué raro, ¿no?

En ruso, igual que en inglés o en español, la palabra «**bruja**» ha ido cambiando de sentido a lo largo de los siglos. Lo que en su origen podía referirse a una mujer sabia o sanadora con el tiempo se volvió **sinónimo de vieja, fea, peligrosa**.

Otra vez la sabiduría femenina convertida en algo temible. Y es por eso por lo que hoy muchas feministas y wiccanas están peleando por resignificar el término y devolverle su dignidad: una bruja es, simplemente, una mujer que sabe.

Pero bueno, fuese o no una bruja, ¿qué diantres significa su nombre? La primera parte es facilita: *baba*, en la cultura tradicional rusa, es una campesina casada, lo suficientemente mayor para tener hijos. **Hoy en día, *baba* se utiliza como insulto hacia las mujeres**: evoca baja clase, dejadez, incapacidad de controlar los sentimientos, etc. La segunda parte del nombre, *yaga*, es más difícil de definir. No se sabe exactamente qué significa, pero hay varias teorías: podría significar 'horrible', 'horripilante', 'furia', 'espíritu' o 'bruja', entre otras.

Otro dato curioso sobre su nombre es que en ninguno de los cuentos rusos publicados aparece escrito con mayúscula inicial. De hecho, no se considera un nombre en sí, si no una descripción, tipo «mujer mayor aterradora». Esto da a entender que **Baba Yaga, más que un personaje individual, era un arquetipo** (de hecho, a veces aparece como un grupo de tres mujeres), **o que igual era un eufemismo para referirse a su nombre real**, demasiado sagrado o terrorífico como para ser dicho en voz alta.

Así como la mayoría de las brujas del folclore, Baba Yaga tiene un *look* curioso: es extremadamente alta (tanto que se tiene que tumbar en diagonal en su habitación), tiene una nariz que llega hasta el techo, una pierna huesuda (o a veces dorada o rara de alguna manera) y dientes de acero que se afila **antes de zamparse un snack humano**. En algunas versiones, se menciona que tiene los pechos colgando.

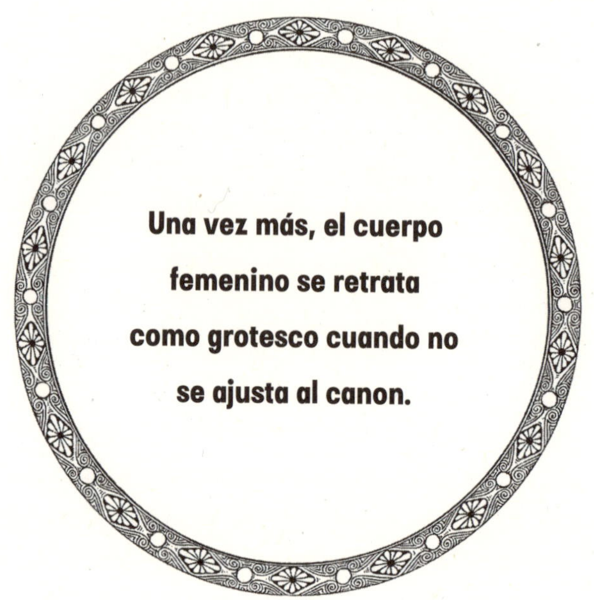

¿Por qué nos da tanto miedo el cuerpo femenino envejecido? ¿Por qué el poder femenino solo se acepta cuando es joven y bello según estándares patriarcales?

El miedo al cuerpo femenino envejecido no es más que una construcción cultural. Durante siglos, se ha ligado el «valor» de la mujer a la juventud y a la apariencia, lo opuesto a la vejez, que se ve como un error o una amenaza. Es **una mezcla explosiva de sexismo y edadismo que deja a muchas mujeres al margen de la vida pública y social**.

Además, la industria de la belleza y los medios nos venden la juventud como moneda de cambio (la belleza, o lo que socialmente se considera como tal, a cambio de un mayor estatus social) y hacen del envejecimiento un problema que hay que ocultar o arreglar. Y todo esto también tiene un **desgaste psicológico**: un cuerpo envejecido nos recuerda la mortalidad, el cambio y la pérdida. Estos son conceptos inevitables, pero pueden llegar a provocar ansiedad, colectiva y personal, hasta tal punto que muchas mujeres (y también hombres) interiorizamos ese pánico, que a su vez hace que nuestra autoestima dependa de qué tan jóvenes nos vemos.

Por eso figuras como Baba Yaga molestan tanto: no son solo las arrugas lo que asusta, sino que su poder no dependa de su juventud. Si releemos su mito, podemos convertir ese rechazo en una crítica del sistema, que solo reconoce la autoridad cuando viene envuelta en juventud y estándares patriarcales.

La primera aparición escrita de Baba Yaga es en el libro de gramática rusa *Rossiiskaia Grammatika*, aunque estaba presente en el folclore oral desde mucho antes. Es una figura caótica de la mitología eslava: era igual de probable que ayudase a los héroes o heroínas que llegaban a su casa como que se los quisiera comer (sobre todo si eran peques), y también era la versión rusa del Coco, ya que se utilizaba para que niños y niñas se portasen bien (seguro que les cantaban algo así como «duérmete, niño, duérmete ya, o vendrá Baba Yaga y te comerá»). Como tal, supuso una importante influencia en el cuento de Hansel y Gretel. De hecho, ¿no te suena ese rollo de casa en el bosque, la anciana peligrosa, el horno?

Una bruja con escoba es muy *mainstream*

Y hablando de casas: la suya es una locura. Se aguantaba sobre cuatro patas de gallo (a veces, en una sola) con las que se movía por el bosque. También tenía una puerta invisible y las ventanas hacían de ojos. La valla exterior estaba fabricada en huesos y decorada con cráneos (aunque siempre había un hueco libre para amenazar a quien se lo mereciera).

Además, Baba Yaga no es la típica bruja que vuela en escoba, no. **Ella volaba dentro de un mortero y se impulsaba con una mano de mortero.** En su defecto, utilizaba una tetera, una olla u otros recipientes de cocina. Aunque lo cierto es que sí utilizaba una escoba: era plateada y la empleaba para borrar su rastro.

No es tan extraño que Baba Yaga volase en un mortero, ya que durante muchísimos siglos el mortero y la mano han sido cruciales en la cocina. De hecho, en fotografías antiguas de casas campesinas rusas se pueden ver morteros enormes en los que, sin duda, cabía muchísimo cereal, aunque difícilmente una persona (pero, ya sabes, en la mitología todo es posible). Además, es una clara pista de que la casa de esta bruja estaba repleta de comida: aparecen **manzanas doradas**, cereales, carne y bebidas varias en sus relatos.

Los roles de Baba Yaga

Muchos relatos incluyen a Baba Yaga llamando a pájaros, animales terrestres o peces para que respondan sus dudas, representando a la bruja como una especie de reina de los animales.

Aunque, sin duda, el papel más importante y significativo de Baba Yaga tiene que ver con **su conexión con los misterios de la muerte y el renacimiento**, lo que a su vez la relaciona con la cosecha y el trozo de inframundo en el que el trigo germina.

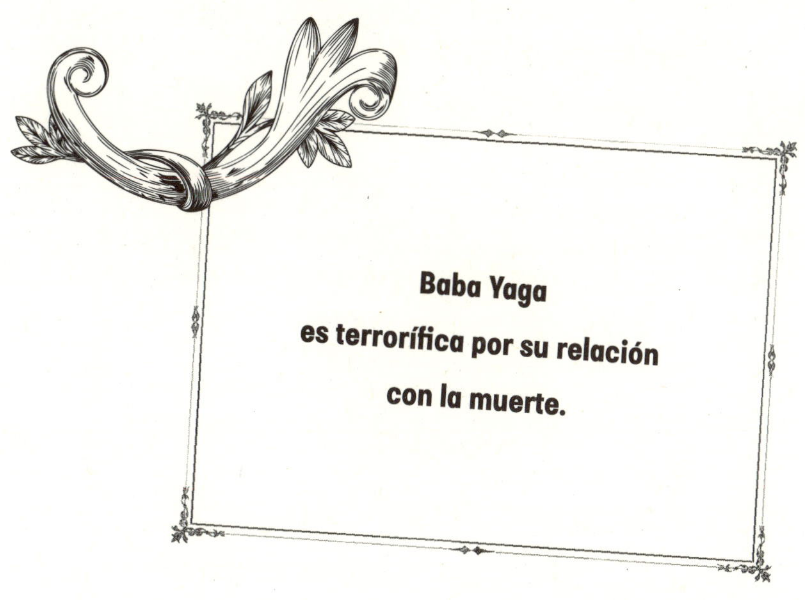

Baba Yaga es quien **se encarga de gobernar el límite de la muerte** para que los humanos puedan cruzarlo y volver, siendo aún seres vivos, pero en posesión de un nuevo conocimiento, o renacidos con un nuevo estatus.

También cabe la posibilidad de que Baba Yaga sea la madre del mismísimo diablo. Así aparecería en el dicho ruso **«Idi k chertvo- toi babushke»** ('ve a la abuela del diablo'), que viene a ser algo así como **«vete al infierno»**. No existe manera alguna de demostrar que esto sea cierto o no, aunque no puedo evitar acordarme de la saga *Sombra y Hueso*, en la que el personaje de Baghra evoca características de Baba Yaga y, además, resulta ser la madre del villano.

La estufa como túnel de la muerte a la vida

En muchos cuentos se menciona **la estufa o el horno de Baba Yaga**. La estufa tradicional rusa estaba hecha de ladrillo y yeso (en las casas más ricas estaría decorada con azulejos) y tenía el tamaño de una habitación pequeña o, en su defecto, ocupaba la mayor parte de la habitación donde estuviese. Mantenía el calor del fuego y lo distribuía por toda la casa.

Tradicionalmente, **la estufa se ha relacionado también con el útero**. Por ejemplo, la expresión en inglés «one in the oven» ('uno en el horno') ya relaciona el hecho de hornear con el vientre de una mujer embarazada. Además, la doctora en Estudios Rusos Johanna Hubbs describe en su controvertido (porque se negó a seguir las reglas de la teoría crítica y la lingüística de la época y las consideraba superficiales, reduccionistas y poco imaginativas) libro *Mother Russia: The Feminine Myth in Russian Culture* (Madre Rusia: el mito femenino en la cultura rusa) la estufa como un repositorio de almas o de ancestros, por lo que la de Baba Yaga, más que una estufa normal, sería un conducto de la muerte al renacimiento.

Baba Yaga, aka: la amiga de las chicas

Una de las historias más famosas de Baba Yaga es la de Vasilissa, una joven hija de un importante mercader. Su madre cayó enferma y, cuando estaba ya en su lecho de muerte, llamó a Vasilissa y le dio una muñeca. Le hizo prometer que no le diría a nadie nada sobre la muñeca y que la llevaría siempre encima, y Vasilissa lo juró.

Al morir la madre, el padre de Vasilissa se casó con una mujer con dos hijas. Y ya te puedes imaginar que se viene un cuento al estilo Cenicienta: una madrastra y unas hermanastras bien envidiosas. **Vasilissa era guapa** y recibía muchísimas ofertas de matrimonio, mientras que sus hermanastras no recibían ninguna. Esto provocó la envidia de estas y de su madre, que enseguida se puso a tramar cómo quitarse de encima a Vasilissa.

Una de las veces en las que el padre de Vasilissa se marchó del pueblo por trabajo, la madrastra vendió la casa y se mudaron al medio del bosque, con la esperanza de que Vasilissa sufriera algún accidente o se encontrase por casualidad **con Baba Yaga**. De esta manera, sus hijas no tendrían competencia.

La madrastra enviaba siempre a Vasilissa a hacer recados por el bosque, pero ella volvía sana y salva. Un día, la mandó a buscar fuego a la casa de Baba Yaga y Vasilissa se presentó allí. Baba Yaga le ofreció ayuda si completaba tres tareas un poco complicadas, a lo que Vasilissa aceptó, ya que iba con su fiel compañera muñeca.

Vasilissa completó las tareas y Baba Yaga le dio una antorcha prendida de fuego. Al llegar a casa, la antorcha soltó una llamarada que quemó enteritas a la madrastra y a sus hijas.

Baba Yaga no es simplemente un personaje raro que vive en una casa con patas de gallo. Es mucho más. Es el recuerdo de un tiempo en que las mujeres sabían de hierbas, de partos, de muerte, de cocina, de sueños, de símbolos, y a nadie le parecía raro.

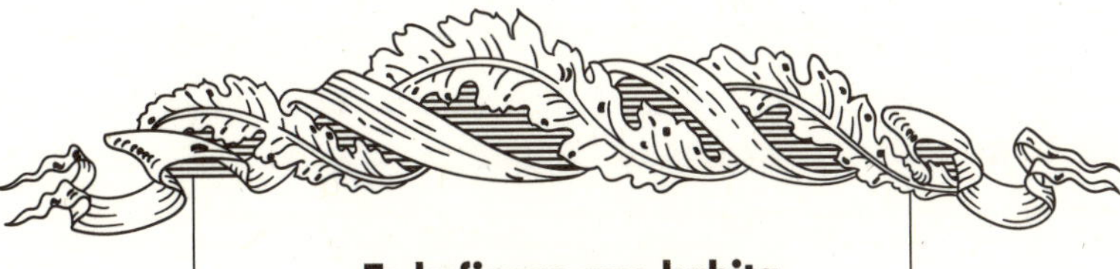

**Es la figura que habita
los márgenes del bosque,
pero también los márgenes
del sistema.**

No es madre, no es esposa, no es joven, no es guapa, no es amable. Nos han enseñado a temerla. A burlarnos de ella. A convertirla en amenaza para la infancia y en caricatura para la vejez. **Pero Baba Yaga no es una advertencia: es una pista.** Una grieta en el relato hegemónico donde asoma otro tipo de poder femenino. Uno libre, oscuro, viejo, autónomo, inmanejable. Uno que no necesita validación, que no te quiere gustar, que no está para educar ni para complacer.

Baba Yaga es una supervillana en los cómics *Hellboy* y también aparece como antagonista principal en el videojuego *Rise of the Tomb Raider: Baba Yaga: El Templo de la Bruja*. Si has visto la **saga John Wick**, sabrás que el apodo del protagonista es Baba Yaga. Aunque en ruso ni siquiera tendría sentido (Baba Yaga es un ser femenino), en las pelis lo usan como forma de decir que da miedete.

Caribdis: monstruo femenino con forma de remolino que se tragaba todo lo que estaba a su alcance. Habitaba en el lado siciliano del actual estrecho de Mesina.

Circe: diosa de la hechicería famosa por transformar a los hombres en cerdos y por no dejarse pisotear por nadie.

Eetes: hermano de Circe y padre de Medea.

Escila: monstruo femenino que habitaba el lado calabrés del estrecho de Mesina y se alimentaba de marineros.

Helios: titán del Sol, padre de Circe.

Hermes: mensajero de los dioses que siempre aparece en el momento oportuno.

Odiseo: héroe griego, protagonista de la *Odisea*. Tardó diez años en volver a casa. Ulises para los romanos.

Pasífae: hermana de Circe. Reina de Creta y madre del Minotauro.

Perseis: madre de Circe. Una de las oceánides (ninfas hijas de Océano).

Telégono: hijo de Circe y Odiseo.

Volvemos a la mitología griega para hablar de la diosa de la hechicería, **Circe**. Hija del titán Helios, el encargado de que saliera el sol cada día, y de la oceánide Perseis, era la **hermana de Pasífae** y de Eetes, padre de **Medea**.

A quien conoceremos en el siguiente capítulo.

Sí, la mismísima madre del Minotauro.

Circe vivía tranquilísima en la isla de Eea, acompañada de ninfas y animales salvajes como leones y lobos. Allí cultivaba plantas misteriosas con las que elaboraba pociones y, gracias a sus conocimientos, podía transformar en animales a quienes la ofendían o amenazaban, como sucede en la *Odisea*, la fuente principal en la que aparece Circe.

Homero la describe como una «diosa de hermosos cabellos», pero esa belleza junto a su dominio de la hechicería son una combinación explosiva que hizo que la imagen de Circe nos llegase un tanto distorsionada. **Desde el Medievo se la describió como prostituta o dominatriz**, y Circe pasó a representar el arquetipo de **hechicera**: una mujer seductora que con sus pócimas secretas hace que los hombres se vuelvan locos. Tal y como dice el antropólogo e historiador Caro Baroja, podríamos decir que existe un «complejo de Circe» universal en cuanto al poder de la mujer sobre el hombre enamorado, y Circe sería una de las primeras representantes del temor del hombre ante la atracción de las mujeres.

Sin embargo, si volvemos a Homero, que es la fuente original en la que encontramos el encuentro de Circe y Odiseo, veremos que todo eso no es más que **una interpretación perpetuada por escritores y lectores influenciados por una sociedad misógina y patriarcal**. El resto de las historias que existen sobre Circe son posteriores a la *Odisea* y, además, acostumbran a mezclar características de otros personajes femeninos para de esta manera conseguir **la figura de la hechicera arquetípica**. Pero veamos qué es lo que dice Homero.

La odisea de Circe

La *Odisea* nos cuenta el viaje de regreso de Odiseo a Ítaca tras la guerra de Troya, nada más y nada menos que veinte años después de **haber dejado a su mujer y a su hijo en manos del destino y de un montón de hombres pesados.**

Odiseo se embarca en un *tour* mundial patrocinado por el aburri-
miento de los dioses en el que se va encontrando a personajes curiosos en lugares igual de curiosos. En una de esas paradas, llega a
la isla de Eea (supuestamente en el mar Mediterráneo, aunque no se
relaciona con ningún lugar real). Un grupo de hombres desembarca
para adentrarse en la isla, que parece estar desierta, mientras Odiseo
se queda en el barco *por si acaso*. No puedo evitar acordarme de
ese meme en el que Odiseo le explica a uno de sus acompañantes
que una «odisea» es un viaje llamado así por su único superviviente.

El caso es que los hombres acaban encontrando la casa de Circe y esta los recibe con los brazos abiertos, tal y como marcaba la
tradición de hospitalidad en la antigua Grecia. **Los acoge en su casa,
les ofrece comida y bebida, los colma de atenciones y después...
Todos convertidos en cerdos.**

Vale que quizá eso se contradice un poco con la hospitalidad,
pero aun en forma de cerdo Circe los sigue alimentando y cuidando.
Y es que Circe no transforma a los hombres de Odiseo desde el odio
y la maldad, sino desde **el miedo y la prevención**.

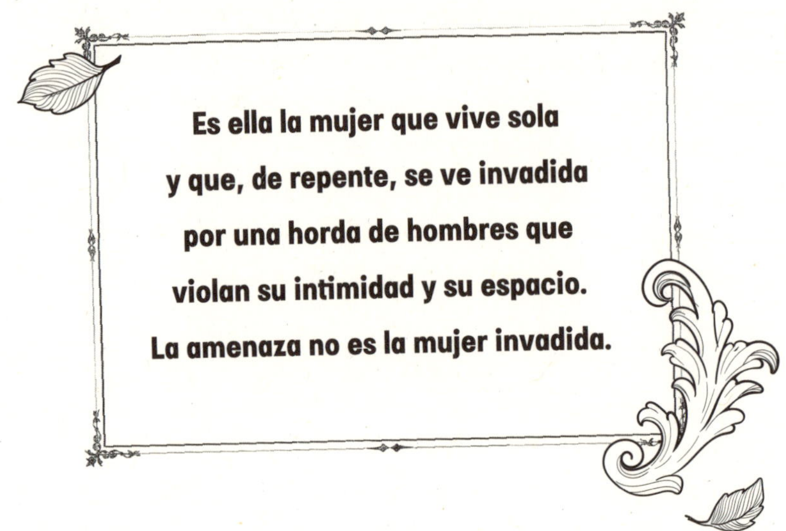

Uno de los hombres que no había llegado a entrar en casa de Circe porque le daba muy mala espina lo presenció todo y corrió hasta la orilla para explicárselo a Odiseo, que se dignó a mover el culo para salvar a sus hombres. **De camino hacia la casa de Circe, el dios Hermes se presentó ante él y lo advirtió de que ella era un tanto pilla,** y hasta llegó a darle una hierba para que sus pociones no le afectasen. Al llegar a casa de Circe, esta lo recibe de las mismas buenas maneras que a sus hombres, pero Odiseo no se transforma en cerdo. En lugar de eso, saca su espada y amenaza a Circe, que reconoce de golpe al hombre que tiene delante: **Hermes también la había advertido a ella.**

Entonces Circe le propone arreglar las cosas de otra manera: **acostándose.** Y Odiseo, por supuesto, acepta. Circe transformó a los cerdos en hombres y se quedaron todos juntos en la isla un tiempo, durante el cual ella le muestra a Odiseo que no es solo «peligro» sino también generosidad: le ofrece consejos cruciales sobre las sirenas y los monstruos Escila y Caribdis que lo ayudarán a sobrevivir en su odisea. La relación entre Circe y Odiseo acabó dando mucho de sí: tuvieron un hijo, Telégono. Finalmente, Odiseo abandonó Eea, dispuesto a **llegar a su tierra de una vez por todas.**

Desde una mirada feminista podemos llegar a la conclusión de que Circe ostenta el poder durante gran parte de su relación con Odiseo. Es ella quien decide transformar a los hombres o acogerlos, la que sabe de hierbas mágicas. Incluso cuando Odiseo la amenaza, termina aceptando su invitación. Es decir, durante el tiempo que están juntos, la situación se invierte respecto a los roles tradicionales.

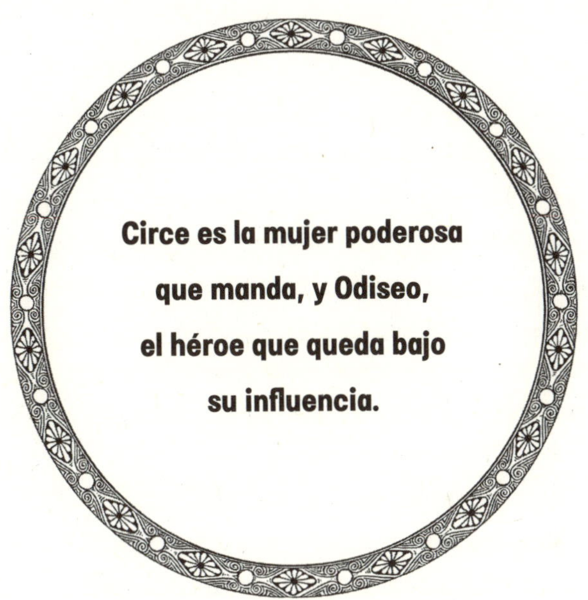

Circe no encaja en el estereotipo simplista de «bruja malvada». Su magia se utiliza más bien para controlar su reino y defenderse de los intrusos, sin un deseo intrínseco de destruir a los humanos (al final, de hecho, los deja partir sanos y salvos). Además, ella gobierna su propio destino: ni siquiera cuestiona la voluntad de los dioses de que Odiseo regrese a Ítaca, sino que lo acata y lo ayuda a partir. Todos esos detalles resaltan que Circe, en lugar de una villana unidimensional, **es una mujer libre que sabe aprovechar las circunstancias.**

Circe en la tradición cristiana: de hechicera ancestral a bruja demoníaca

Con la llegada del cristianismo y las creencias medievales, la figura de Circe cambió mucho en la opinión popular. Como otras hechiceras paganas, fue reinterpretada bajo la lupa cristiana y demonológica. En la mentalidad medieval se asumía que toda magia debía provenir del diablo, así que Circe terminó siendo vista como la bruja arquetípica.

Las autoridades eclesiásticas reinterpretaron sus historias: la convirtieron en un arquetipo de mujer depredadora y tentadora, y llegaron a pensar incluso que sus supuestos poderes eran ilusiones de una mente enferma. En este proceso, Circe fue acusada con las mismas palabras que otras mujeres libres de la historia: tachada de bruja, maldita e incluso traidora. **Porque, como la mujer libre y poderosa que era, Circe debía cargar con esas descalificaciones surgidas de la incomprensión y, sobre todo, del miedo de la sociedad al poder femenino.**

En resumen, la tradición cristiana oscureció la imagen de Circe: la hechicera de Homero se volvió una *bestie* del demonio. No obstante, la historia da giros: ya en el Renacimiento algunas voces empezaron a reivindicar otra imagen de Circe. Por ejemplo, en el siglo XIV, en su *De mulieribus claris*, el escritor renacentista Giovanni Boccaccio criticó esas visiones medievales y relató la vida de Circe enfrentándose a las oscuras tradiciones medievales que la demonizaban.

La historia se repite una vez más: la cultura patriarcal intentó siempre reducir a las mujeres poderosas a arquetipos temibles. **Cualquier diosa o mujer en general que no se sometía terminó etiquetada de demoníaca.** Circe sufrió ese destino: muchos creyeron que hablar de pociones era hablar con el diablo, así que terminaron viéndola como un ser infernal en lugar de una sabia de la naturaleza.

El relato de Circe muestra que, cuando una mujer elige su camino (ya sea ese camino de diosa hechicera o de villana compleja), el mundo tiembla. En el pasado fue estigmatizada por prejuicios religiosos, pero ahora la rescatamos como símbolo de empoderamiento. Hay que preguntarse:

Al recuperar su figura desde una perspectiva feminista, vemos que gran parte de lo que se dijo de Circe refleja más el miedo al potencial de la mujer que la verdadera naturaleza del mito.

En la cultura popular...

El pintor prerrafaelita John William Waterhouse pintó tres veces a Circe: *Circe ofreciendo la copa a Odiseo*, *Circe enviciosa* y *Circe*. En ellas, Circe es una mujer bella, poderosa y peligrosa, que usa sus habilidades mágicas para seducir y dominar a los hombres. Esta representación **refuerza el estereotipo de la mujer como amenaza oculta tras su belleza.** La repetición de este motivo en la obra de Waterhouse **refleja las tensiones sociales y culturales de la época victoriana respecto al papel de la mujer.** Estas obras, además de embellecer la figura femenina, también sugieren que la belleza femenina puede ser un peligro para las normas establecidas. Así, Circe se convierte en una mujer que, como las sirenas o Medea, **encarna la dualidad de la seducción y la amenaza,** una figura que atrae y repele a la vez (pero que a nosotras nos encanta).

Lee su historia

Por suerte, en los últimos años Circe ha vuelto a salir del olvido o de la mala fama. Quizá la referencia reciente más famosa sea la **novela *Circe* de Madeline Miller** (2018), que da voz propia a la hechicera. En ella, Circe descubre su verdadero poder cultivando hierbas mágicas, rebelándose contra los dioses y viviendo múltiples amores mortales, desde Glauco hasta Dédalo y Odiseo. La novela fue un éxito de crítica y público, y ha puesto a Circe en el centro de la discusión actual sobre feminismo y mitología.

En el ámbito de los cómics, **Circe es una villana recurrente de Wonder Woman en DC Comics**. El cómic recoge la esencia clásica de la hechicera (convertir mortales en animales, etc.), pero la convierte en antagonista porque allí se teme que su magia pueda corromper a los héroes.

Afrodita: diosa del amor que se tiene que meter en todo.

Argonautas: grupo de héroes griegos: Heracles, Orfeo, Cástor y Pólux, Peleo, Atalanta...

Ariadna: prima de Medea. Ayuda a Teseo con el Minotauro por amor, y él la abandona.

Circe: tía de Medea, diosa de la hechicería.

Creonte: rey de Corinto. Acoge a Medea y Jasón cuando huyen de Yolco.

Creúsa: hija de Creonte y chispa que detona la tragedia final.

Eetes: rey de la Cólquida, padre de Medea y dueño del vellocino de oro.

Jasón: supuesto héroe. Hijo de un rey destronado, líder de los argonautas.

Medea: protagonista absoluta. Hija del rey Eetes y posiblemente de la diosa Hécate. Inteligente, poderosa, bruja, extranjera, mujer. Lo tiene todo.

Pelias: tío de Jasón y usurpador del trono de Yolco.

La protagonista de este capítulo es la sobrina de Circe, Medea. **Y es que, en la mitología griega, muchas veces todo queda en familia.** Medea es la hija de Eetes, el hermano de Circe. No está del todo claro quién era su madre; de hecho, hay algunas versiones que defienden que fue la mismísima diosa Hécate. Fuese o no ella su madre, Hécate tiene una fuerte influencia en la personalidad de Medea, ya que gracias a su culto aprendió los principios de la hechicería, como su tía.

El personaje de Medea es famoso sobre todo gracias a la obra *Medea* de Eurípides, representada por primera vez en el año 431 a.C. en las Dionisias de Atenas, un festival dedicado al dios Dioniso. Hoy en día se sigue representando alrededor del mundo, y el papel de Medea es uno de los más codiciados por las actrices. Sucede que, como veremos ahora, Medea es uno de los personajes más complejos de la mitología griega y Eurípides la retrata como el claro ejemplo de **una mujer con defectos, fascinante y con la cual podemos sentirnos identificadas** en un mundo llenito de historias de hombres.

Ya hemos visto con Clitemnestra que **pocas cosas asustaban más a los griegos que los planes de una mujer inteligente, y Medea era una de esas**. Si Clitemnestra es considerada la peor esposa de la mitología griega, Medea tiene papeletas para ser la peor madre.

Las Argonáuticas o Medea sacándole las castañas del fuego a Jasón

Aunque la obra de Eurípides es muy importante, el principio de la historia de Medea la encontramos, sobre todo, en *Las Argonáuticas*, del poeta Apolonio de Rodas. *Las Argonáuticas* nos cuentan las aventuras de Jasón y los... argonautas. No se comieron mucho la cabeza. Los argonautas eran una especie de Vengadores: imagínate a todos los mejores héroes griegos metidos en un barco: Heracles, Cástor y Pólux (los hermanos de Clitemnestra), Peleo (el padre de Aquiles), Orfeo (no solo era músico, parece ser) y, por supuesto, también la heroína **Atalanta, la única mujer a bordo.**

¿Qué?!

Jasón es el protagonista de esta historia porque es el que *necesitaba* conseguir algo, porque ya verás que de héroe no tiene mucho (pocas cosas heroicas hizo por su cuenta). Lo cierto es que Jasón era el hijo del rey de Yolco (Tesalia, Grecia), pero el hermano de este y tío de Jasón, Pelias, lo destronó. Para poder reclamar el trono, Pelias ordenó a Jasón una sencillita misión: **llevarle el vellocino de oro.**

El vellocino de oro se encontraba en la Cólquida (cerca del mar Negro, en la actual Georgia), pertenecía a Eetes y estaba custodiado por un dragón (no te imagines a un dragón enorme como los que tiene Daenerys; los dragones de la mitología griega eran una especie de serpientes-lagartos grandecitos). Los argonautas pusieron rumbo hacia allí y, al llegar, Jasón encontró lo más valioso: a **Medea**, hija de Eetes.

De verdad, los griegos y las cosas doradas...

¿Te suena el mito del laberinto del Minotauro? Teseo tenía que matarlo, y Ariadna, la princesa cretense (y prima de Medea), supuestamente enamorada de él, lo ayuda a poder entrar y salir del laberinto con vida. Teseo le promete casarse con ella y hacerla reina de Atenas, pero de camino la abandona en la isla de Naxos. **Bueno, pues Medea es igual: una mujer útil para un hombre que tiene una misión que cumplir.**

Según el poeta griego Píndaro en su *IV Oda Pítica*, Medea se enamora de Jasón por un flechazo provocado por Afrodita (ya lo hemos visto en Dido; la diosa del amor tiene que entretenerse de alguna manera) y por eso está decidida a ayudarlo: Eetes plantea una serie de tareas imposibles a Jasón para conseguir el vellocino, todas planeadas para acabar con su vida. Pero Jasón sale de todas vivito y coleando, y todo gracias a Medea, a quien el héroe ha prometido matrimonio cuando regresen a Yolco. Por ejemplo, Jasón tenía que juntar por el morro dos bueyes que exhalaban fuego y arar un campo con ellos. Era imposible que Jasón sobreviviese a eso, pero Medea le untó un ungüento por todo el cuerpo que lo hizo invulnerable al fuego. Y es que, igual que Ariadna, Medea también es inocente e ingenua en el amor, pero, en contraste, igualmente es **una bruja increíble, fuerte y poderosa. Y eso Jasón lo debería saber bien**.

Voy a decir algo muy *heavy* en pocas palabras, respira hondo. Vale: huyendo de la Cólquida, el hermano de Medea consigue subirse al Argo para detenerlos, pero Medea lo mata, lo corta en trocitos y los tira al mar.

Respira otra vez.

Cuando llegan a Yolco, Pelias, el usurpador, se niega a ceder el trono a Jasón, a pesar de haber conseguido el vellocino. Medea decide entonces vengarse en nombre de Jasón: convence a las hijas de Pelias para que intenten «rejuvenecerlo» (estaba el hombre un poco mayor ya) enseñándoles el paso a paso con un cordero, pero, al intentar recrear el truco, acaban matando a su propio padre. De hecho, esto es lo primero que sabemos de Medea en la obra de Eurípides. Ya suena a alguien con quien mejor no tener problemas.

La jugada de cargarse a Pelias para conseguir el trono para Jasón no les salió del todo bien, por lo que Medea y Jasón tuvieron que

huir de Yolco. Se establecieron en Corinto, donde el rey Creonte los acogió para que pudieran empezar desde cero. Llegados a este punto, tenemos que hablar de varias cosas: **te acuerdas de que Jasón le había prometido a Medea que se casarían si ella lo ayudaba a conseguir el vellocino de oro, sí, ¿verdad?**

La cuestión es que tampoco podían casarse porque Medea era extranjera (la Cólquida no formaba parte de Grecia). De hecho, **la xenofobia era real en la Antigüedad, y los griegos eran reticentes con la gente que llegaba de fuera**. Pero que no estuviesen casados no quiere decir que no tuviesen hijos. Tuvieron más o menos, pero vamos a quedarnos con dos.

Y, a continuación, viene el momento en el que Jasón la caga. Recordemos que el objetivo de Jasón en la vida era conseguir un trono. El de Yolco lo perdió, pero en Corinto vio una oportunidad de oro: casarse con la hija de Creonte, Creúsa (también llamada Glauce). No le cuesta nada abandonar a Medea y a sus hijos, pero tiene la decencia de pedirle a Medea que se vayan por las buenas antes de que Creonte quiera exiliarlos. *Spoiler*: nada de por las buenas. Creonte avisa a Medea de que tanto ella como sus hijos tienen que irse de Corinto o habrá consecuencias. Jasón, que ha visto de lo que Medea es capaz desde el principio, la traiciona de todas formas.

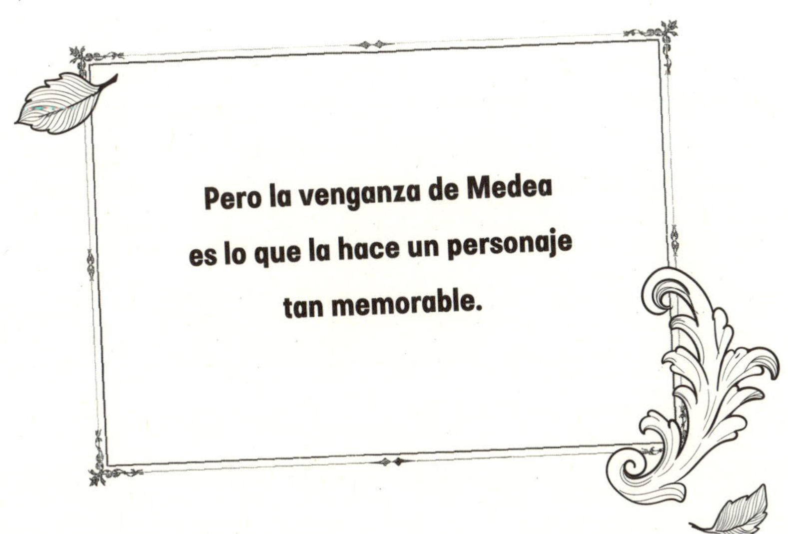

Pero la venganza de Medea es lo que la hace un personaje tan memorable.

Prepara una trampa perfecta: manda a Creúsa un vestido chulísimo y una corona bordada en oro, pero ambas prendas están impregnadas en una pócima venenosa que Medea ha elaborado con hierbas letales. Cuando Creúsa se las prueba, el veneno se activa con el calor del cuerpo y el vestido se adhiere a la piel y la quema por dentro, mientras que la corona envenenada libera vapores tóxicos que la asfixian y paralizan. Desesperada, Creúsa corre a pedir auxilio al rey Creonte, quien, al tocar el atuendo, también recibe la dosis mortal y muere abrasado.

Pero la cosa no acaba ahí. Medea sabe que Creonte y Creúsa solo eran un peldaño más en la escalera hacia el poder de Jasón; si quería destrozarlo, tenía que hacerlo con algo más importante: sus hijos. Aunque Medea dice tener otro motivo: mejor que ella les dé una muerte digna a que mueran en manos de los corintios. Cuando llega el momento, Medea duda, paralizada por el amor. **Pero en el fondo sabe que, si quiere hacer daño a Jasón, tiene que hacerse el doble de daño a ella misma.** Y en ese momento vuelve a surgir el lado oscuro de Medea, el que tiene clarísimo lo que tiene que hacer.

El mito de Jasón y los argonautas **fue llevado al cine en 1963** por Don Chaffey, pero, por lo que sea, Medea tiene un papel que no llega ni a secundario. Se le hizo más justicia en *Medea* (1969), de Pier Paolo Pasolini, donde fue **interpretada por la gran Maria Callas**.

Varias autoras han dado voz a Medea **en sus libros**, como Christa Wolf en 1998 o, más recientemente, Rosie Hewlett, ambos llamados *Medea*.

Existe una comparación que, personalmente, no me puedo quitar de la cabeza, y es con Wanda, **la Bruja Escarlata** de Marvel. En ***Doctor Strange en el Multiverso de la Locura***, Wanda se convierte en una réplica de Medea: una mujer que pierde todo lo que quiere y que no sabe cómo descargar todo lo que siente. Salta a la vista que hay varios paralelismos entre ellas: a Medea le prometen una vida feliz, casada con Jasón, si lo ayuda a conseguir el vellocino de oro, igual que a Wanda después de ***La era de Ultrón***, cuando es reclutada para formar parte de los Vengadores. Ambas pierden a sus hermanos por el camino y llegan a un lugar nuevo y desconocido para, básicamente, ser usadas para beneficio ajeno (Medea para conseguir el vellocino y Wanda por sus poderes). Después de eso son apartadas: Jasón dejó a Medea para casarse con Creúsa y Wanda fue encerrada en ***Civil War***.

Ambas llevan esa vida triste, cruel y llena de una rabia que, para ellas, es una respuesta más que razonable a todo lo que han vivido. Igual que Medea, Wanda no sufre por la pérdida de su marido (*sorry*, Visión), sino por la de sus hijos, y acaban convirtiendo su dolor en la fuente de su poder.

Aquí hay otro dato interesante: a la hora de asesinar, también hay expectativas de género. Las mujeres matan con pociones, de manera indirecta. Para matar a Creúsa y Creonte, Medea utiliza el arma tradicionalmente femenina, pero con sus hijos no. Coge una espada, un arma de hombre, nunca utilizada en el ámbito doméstico a no ser que pase algo fuera de lugar. **Ella misma dice que tiene que olvidarse de sus hijos por un día...**

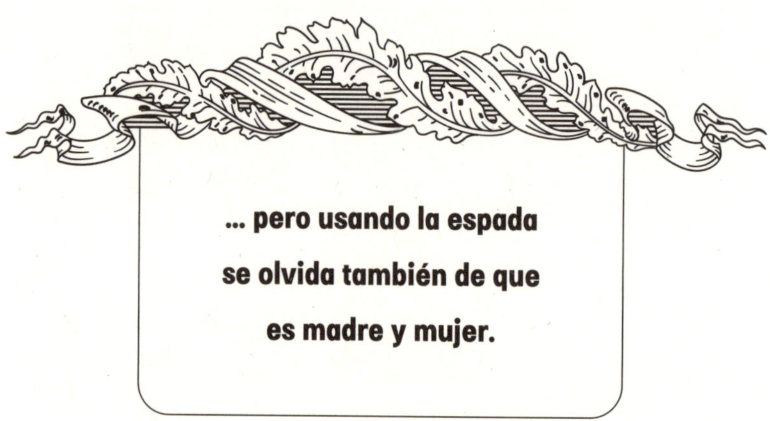

Así que tenemos a una mujer que, por venganza, ha matado a sus propios hijos. Entonces, ahora vendrán las Erinias, esas diosas que vengaban los asesinatos de familiares, ¿no? Bueno, pues no. Helios, el abuelo de Medea, manda su carro y Medea sale de escena por los aires, lo que en teatro se llama *deus ex machina*, ya que solía utilizarse para las apariciones estelares de los dioses. Y eso es, en parte, lo que choca de esta historia: ¿cómo puede una persona que ha hecho algo tan cruel no acabar derrotada sino todavía más poderosa y con el favor de los dioses?

La Beyoncé de la Cólquida

La especialista en el mundo clásico Natalie Haynes hace en su libro **La jarra de Pandora** un paralelismo entre Medea y **Hold Up!** **de Beyoncé**. En esta canción, Beyoncé se pregunta «What's worse, looking jealous or crazy?» ('qué es mejor, ¿parecer celosa o loca?'). Y lo deja claro: engáñala y atente a las consecuencias; su venganza será terrible.

La clave está en el verbo: *looking* ('parecer'). **No le importa estarlo, le importa cómo la ven.** En Eurípides, Medea le dice al coro que se hace la tonta para moldear a los demás a su gusto. De hecho, es terrorífica en ese sentido: una mujer que siente mucho, pero capaz de camuflar sus emociones. **Es una persona distinta según con quién hable**: enfadada, maleable, humilde, furiosa... Sobre todo, **no deja que la tomen por débil.** Como concluye Beyoncé: «prefiero estar loca».

REBELDES CON CAUSA

Antígona

Antígona: hija de Edipo y Yocasta; protagonista que convierte los funerales en un acto de rebeldía.

Creonte: hermano de Yocasta y tío de Antígona; rey de Tebas tras la guerra.

Edipo: héroe obsesionado con resolver acertijos, aunque un poco ciego.

Eteocles: hijo de Edipo y Yocasta; hereda el trono junto a Polinices.

Eurídice: esposa de Creonte y madre de Hemón.

Hemón: hijo de Creonte y prometido de Antígona.

Ismene: hermana de Antígona; representa la obediencia y el miedo.

Layo: abuelo de Antígona y rey de Tebas con un pasado escandaloso.

Polinices: hijo de Edipo y Yocasta, hermano de Antígona.

Yocasta: reina de Tebas y experta en matrimonios complicados.

La protagonista de este capítulo es, sin duda, una de las más trágicas de toda la mitología griega, si no la que más. **La historia de Antígona nos llega, principalmente, a través de la obra homónima de Sófocles, estrenada en el año 442 a.C.** en Atenas.

Antígona pertenece a la familia griega trágica por excelencia, cuya historia está bien llenita de «-cidios» y chismes de los gordos: filicidios, parricidios, suicidios, homicidios... ¡y hasta incesto! Agárrate y prepárate, porque lo de esta familia es un no parar de desgracias.

Sófocles fue uno de los grandes trágicos de la Atenas del siglo v a.C., y sus obras, de las cuales se conservan siete completas, tratan con fuerza los **conflictos entre la ley del Estado, las leyes morales o divinas y el individuo**.

Además de su actividad literaria, ejerció cargos públicos: fue «**heletómano**» (una especie de tesorero) alrededor de 443-442 a.C. y «**estratego**» (general) durante la guerra de Samos hacia 441-440 a.C. Se dice y se comenta que habría conseguido ese puesto por el éxito de *Antígona*, aunque los historiadores argumentan que es bastante improbable.

Sófocles murió a los noventa o noventa y un años y, como ocurre con muchos personajes célebres, **su muerte dio pie a varias teorías cuanto menos curiosas**: la más conocida dice que falleció por el esfuerzo de intentar recitar del tirón una frase larga de *Antígona*; otra, que se atragantó con unas uvas durante unas fiestas; y una tercera afirma que murió de felicidad tras ganar su última victoria en las Dionisias de la ciudad. Quédate con la que más te guste.

Regla n.º 1: con el oráculo no se juega

Para entender todo el tremendo follón, **primero tenemos que hablar del abuelo de Antígona, Layo, hijo del rey de Tebas**. Al morir su padre, Layo se crio con Lico, el rey regente. Cuando creció, intentó recuperar el trono de Tebas, pero sus primos, Anfión y Zeto, se le adelantaron y lo echaron de la ciudad. Layo fue a parar al reino de Pisa, al oeste de la península del Peloponeso, donde el rey Pélope lo acogió.

Todo iba más o menos bien hasta que Pélope le encargó que le enseñara a su hijo, Crisipo, a manejar carros. Ahí se fue todo al traste: Layo se obsesionó con el chico y un día lo violó. Como lees. Como para entonces Anfión y Zeto ya habían muerto, Layo pudo llevarse a Crisipo a Tebas, donde lo retuvo por la fuerza. Los tebanos ni se inmutaron ante esto, y precisamente eso fue lo que provocó la ira de Hera, **que mandó la esfinge (una criatura con cuerpo de león, cabeza de mujer y alas de pájaro que recitaba acertijos imposibles de resolver)** a tocarles las narices. Pélope, al enterarse de todo, le lanzó a Layo una maldición de esas griegas bien potentes: Apolo mismo iba a encargarse de que su descendencia se autodestruyera. Y esto es solo el principio. Pero ¿qué efectos tuvo esa maldición?

Layo acabó recuperando el trono de Tebas y se casó con Yocasta. Durante mucho tiempo intentaron tener hijos, pero no lo conseguían, así que Layo visitó el oráculo de Delfos, un gran recinto sagrado consagrado al dios Apolo, para saber cuál era el problema. El oráculo le debió de decir algo así como «problema el que te espera, rey: tu hijo matará a su padre y se casará con su madre». Claro, tú imagínate la cara de Layo. Al volver a Tebas, Layo evitó a toda costa dejar embarazada a Yocasta, pero una noche se pasaron de copas y se hizo el milagro.

Por miedo a la profecía, mandaron a un siervo matar al bebé, pero el pobre no se atrevió a hacerlo y simplemente lo abandonó en la montaña, donde lo encontró un pastor. Este pastor lo llevó a los reyes de Corinto, que no podían tener descendencia. **Lo llamaron Edipo, 'pies hinchados', porque había sido abandonado con los pies agujereados y atados con una cuerda.**

El siguiente giro argumental es magnífico: al crecer, a Edipo le llegaron rumores de que los reyes de Corinto no eran sus padres verdaderos, **así que decidió consultar el oráculo de Delfos.** Este, en lugar de darle una respuesta a su pregunta, le dio otra información:

Sin duda, a alguien le encantaba volver loca a la gente...

¿Sabías que...?

Delfos era para los griegos el ombligo del mundo. El lugar donde, según la leyenda, las águilas que soltó Zeus desde los dos extremos del universo se cruzaron. Y allí se colocó **el ónfalo** (¡una piedra que puedes ver en el sitio arqueológico!) como marca sagrada y se alzó **el gran santuario de Apolo** (con su templo, teatro, estadio y gimnasio).

Pero, sin duda, lo más conocido de Delfos es **su oráculo**. La gente peregrinaba hasta allí para hacerle preguntas a la Pitia, la sacerdotisa de Apolo. Esta entraba en trance en el *ádyton* del templo (una zona privada) y emitía sonidos que los sacerdotes interpretaban como **profecías**. Ya Plutarco hablaba de una especie de vapores que la afectaban, y estudios modernos han encontrado emisiones de gases (etano/etileno y otros hidrocarburos) bajo el lugar que podrían explicar esos estados alterados. Es decir, probablemente fue un toque de gas natural lo que produjo ese fenómeno que fascinó a la Grecia antigua.

Regla n.º 2: no se puede huir del destino

Edipo pensó que el oráculo se refería a los reyes de Corinto, así que su solución fue huir de allí para evitar su destino (una manía que tienen los personajes de la mitología griega…). De camino a Tebas, **Edipo tuvo un rifirrafe con unos hombres y mató a uno de ellos**, pero siguió su viaje sin inmutarse. **Lo que Edipo no sabía es que ese hombre era su padre, Layo.** Bingo: primera parte de la profecía cumplida.

Al llegar a Tebas, Edipo mató a la esfinge y, por ello, fue más que bienvenido en la ciudad. **Layo llevaba desaparecido un tiempo** y, claro, el roce hace el cariño, así que… Edipo se casó con Yocasta. Repito: **EDIPO SE CASÓ CON YOCASTA**. Profecía: completada. ✔

Es curioso que a Yocasta le costase quedarse embarazada con Layo, pero con Edipo tuviera cuatro hijos: Antígona, Ismene, Polinices y Eteocles. Pasó mucho tiempo antes de que se dieran cuenta del percal, y todo fue porque una plaga arrasó Tebas y, buscando al culpable, se percataron de que el asesino de Layo estaba en Tebas, tan campante. Tras hablar con unos cuantos testigos, Yocasta fue la primera en darse cuenta de lo sucedido y se suicidó. **Al encontrarla, Edipo se clavó los alfileres de su vestido en los ojos y se quedó ciego.**

Juego de Tronos (*spoiler*: sale mal)

Polinices y Eteocles, hijos de Edipo y herederos del trono, exiliaron a su padre, que acabó en Atenas, donde murió. Después acordaron turnarse el trono anualmente, pero la cosa no acabó bien: estalló una guerra llamada Los siete contra Tebas, en la que los hermanos acabaron matándose mutuamente. Y aquí viene lo que nos interesa: Creonte, hermano de Yocasta, hereda el trono y prohíbe que el cuerpo de Polinices sea enterrado, ya que este representaba el bando enemigo de Tebas.

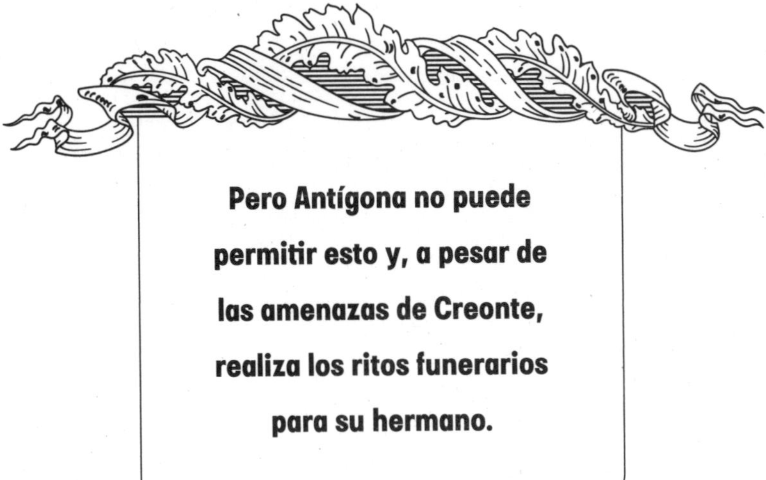

Las consecuencias son crueles, aunque ella las asume con orgullo: Creonte la encierra viva en la tumba familiar (piensa en una especie de cueva, no un ataúd), Antígona se acaba suicidando y, detrás de ella, su amante e hijo de Creonte, Hemón, y la madre de este, Eurídice.

Girls just wanna have fun (erales)

Antígona cumple con una función que, tradicionalmente, era cosa de mujeres: realizar los ritos funerarios. A partir de eso, Antígona puede expresar su duelo y hacerlo público. Aunque es cuanto menos curioso que, a pesar de estar apartadas de la vida pública y ni siquiera ser consideradas ciudadanas, las mujeres tuvieran a su cargo la demostración pública del dolor.

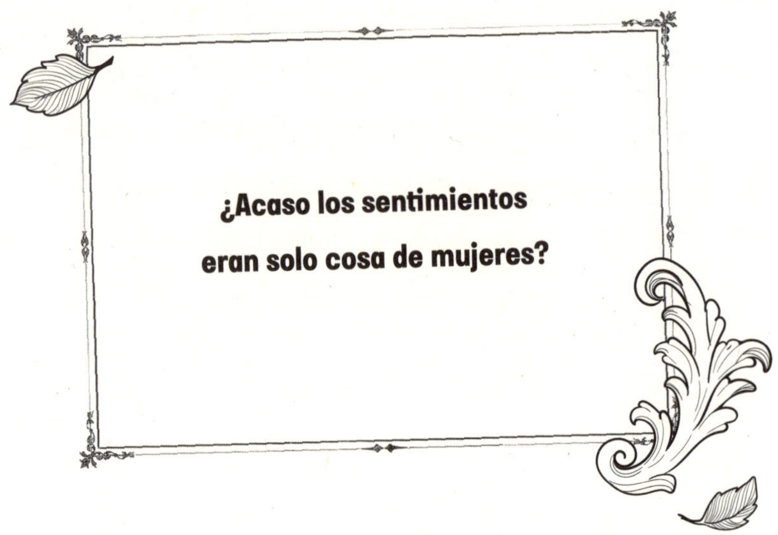

Para el pensamiento griego, un cadáver insepulto era algo impensable e inconcebible, y no cumplir con dichos rituales suponía una ofensa para los dioses. Antígona teme más el castigo de estos que el de Creonte, algo totalmente lícito y también muy lógico si pensamos que es la heredera de la maldición de Pélope hacia Edipo: **es el ejemplo de la creencia absoluta en los dioses como tejedores del destino.**

La familia es, ante todo y sin lugar a duda, uno de los valores más importantes para Antígona, que **simplemente cumple con lo que la sociedad le ha enseñado y con lo que se esperaba de ella.** Pero también le habían enseñado que tenía que obedecer a los hombres, algo que le recuerda muy bien su hermana Ismene: por ser mujeres, no pueden luchar contra los varones.

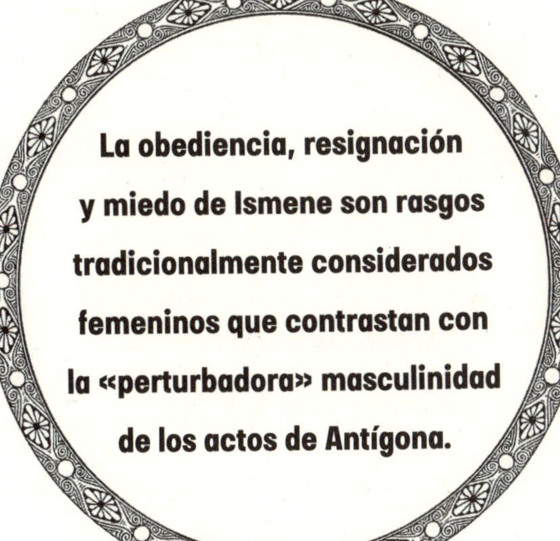

De hecho, cuando llegan las noticias de que el cuerpo de Polinices ha sido enterrado, todos creen que debe de haber sido cosa de un hombre. **Al descubrirse la identidad del culpable, se arma una gorda**, pero todavía es más escandaloso cuando Antígona lo confiesa con orgullo y expone cuáles han sidos sus razones con argumentos lógicos.

La masculinidad de Antígona amenaza y pone en peligro la de su tío Creonte. Él mismo afirma: «**Por nada debemos ser inferiores a las mujeres, porque es mejor caer a manos de un hombre que ser llamado inferior a una mujer**».

¿Alguien dijo masculinidad frágil?

A pesar del rol desvalorizado de la mujer en la antigua Grecia, Sófocles escoge una figura femenina para ser la heroína de esta historia. Y es que Antígona no solo se atrevió a pensar, expresarse y actuar en consecuencia sin miedo a las secuelas, sino que se anima a transgredir el orden y se opone a un hombre que ostentaba todos los poderes y del que dependía (tío con función de padre, futuro suegro y rey).

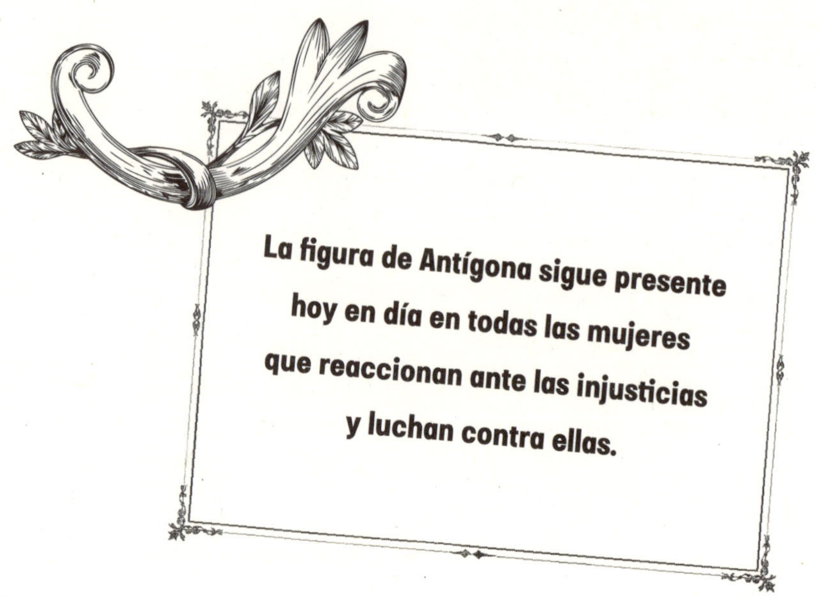

Pero no solamente ella sigue entre nosotras: **Ismene también forma parte de nosotras**, porque aún tenemos actitudes que desaprender y miedos que superar.

En la cultura popular...

En el cine, **Antigone** (2019), de Sophie Deraspe, traslada la tragedia de Sófocles a una familia de refugiados en Montreal. La protagonista desafía órdenes estatales para enterrar a su hermano, lo que refleja las realidades contemporáneas de migración y justicia. En España, la **compañía Noche Flamenca** transformó el clásico en el espectáculo *Antígona*, una versión flamenca que conecta la historia con la exhumación de fosas del franquismo, fusionando danza, canto, memoria histórica y tragedia clásica.

Adán: el primer hombre creado y el primer hombre en quedarse soltero.

Belili: diosa babilónica con aura de *femme fatale*.

Dios: creador del universo y experto en castigos creativos.

Eva: compañera de Adán versión 2.0, hecha a medida y con instrucciones de obediencia preinstaladas.

Lilith: la primera mujer de Adán y mujer que no se deja mangonear.

Lucifer: rebelde oficial del cielo, comparte con Lilith la mala fama... pero con mejor prensa.

Si te digo que pienses en la mujer de Adán, probablemente quien te venga a la cabeza Eva. Pero antes de ella estuvo **Lilith**. Sin embargo, su origen es anterior a su aparición en la Biblia. Lilith sale en fuentes sumerias, babilónicas, asirias, griegas, judías y cristianas. De hecho, aparece incluso en el *Poema de Gilgamesh* (por si no lo recuerdas, es el texto narrativo más antiguo que tenemos, y hemos hablado de él en el apartado sobre Ishtar).

En la cultura babilónica existía una clase de demonio femenino llamado Lilitu, que se asociaba con las serpientes, los búhos y los vientos que traían enfermedades. También se la relacionaba con la diosa Belili, seductora y considerada «devoradora de hombres». **Algunos de los epítetos de Lilith en la Antigüedad fueron «la puta de Babilonia», «la bruja del desierto», «la falsa» y «la prostituta».**

Veamos por qué.

La primera mujer, la primera rebelde

La fuente que nos cuenta más sobre Lilith es el «midrash» (una reescritura crítica de un texto bíblico, con el objetivo de hacerlo más fácil de entender) conocido como el *Alfabeto de Ben Sira*, una interpretación de los textos de la Biblia escrita entre los años 700 y 1000 d.C. por un autor desconocido. En este, **Lilith aparece como la primera mujer de Adán** a la que creó Dios para hacerle compañía de la misma manera que lo creó a él, con barro.

En cuanto la creó, entre Lilith y Adán surgió un sentimiento intensísimo de... odio. Sí. Comenzaron a pelear constantemente y el motivo era muy simple: **Lilith no quería someterse a Adán,** que consideraba que Dios la había creado como ser inferior para estar a su servicio. Y no solo eso: Adán quería que, durante el sexo, Lilith estuviese abajo todo el rato. Como es lógico, esto no le sentó nada bien a Lilith, que mandó a tomar por saco a Adán y se fue a vivir a una cueva cerca del mar Rojo, donde pasaba el tiempo divirtiéndose con demonios, teniendo sexo e hijos con ellos.

Adán rezó a Dios, quejándose de que Lilith se había marchado. Dios mandó tres ángeles a buscarla y le prometió a Adán que, si no volvía, haría que cada día muriesen cien hijos de Lilith. Al encontrarla, los ángeles la amenazaron tal y como había dicho Dios, pero Lilith se negó rotundamente a volver al Edén y contraatacó diciendo que, si Dios mataba a sus hijos, ella mataría entonces cien bebés humanos. Siguieron amenazándose mutuamente hasta que acordaron que la dejarían en paz, siempre que no atacara a los bebés que llevasen un amuleto protector con el nombre de los ángeles.

Por enfrentarse no solo al hombre, sino a Dios, Lilith pasa de ser una mujer humana a una criatura maligna. Según la historiadora del arte y escritora Erika Bornay, autora de *Las hijas de Lilith*, esto se debe a la necesidad de hacer que las jóvenes hebreas en edad de casarse pudiesen sentirse más identificadas con Eva, a pesar de simbolizar la culpa femenina. Porque Eva, pese a su «pecado», vive sometida a Adán sin decir ni mu.

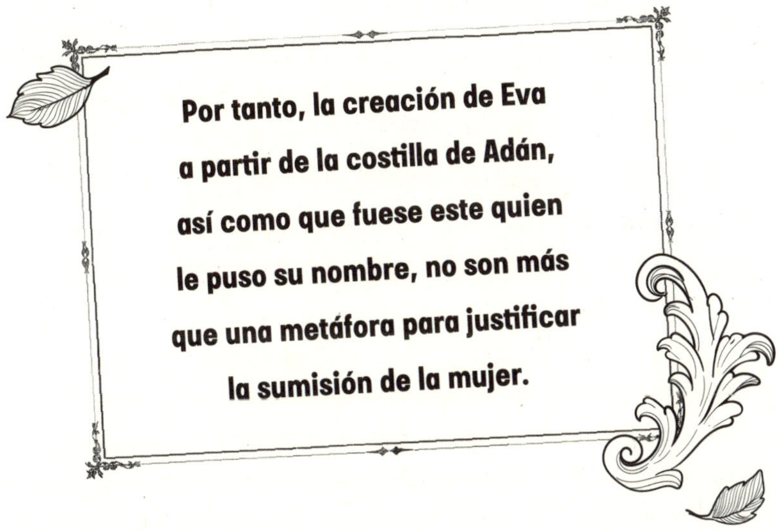

La doble moral del mal

A lo largo de la historia, la Lilith que aparece en la literatura ha ido perdiendo su faceta de mujer rebelde y desafiante para pasar a ser, simplemente, una mujer seductora que corrompe a los hombres a partir del sexo. **Muchas veces, la razón por la que es expulsada del Edén, es decir, su insubordinación, es ignorada.**

Sin embargo, eso no pasa con otro personaje bíblico que nos ha llegado como el enemigo de Dios. Sabes de quién te hablo, ¿no? En efecto, Lucifer, que también se niega a servir a Adán, aunque se lo haya ordenado el mismísimo todopoderoso. **Lucifer es visto como un héroe** caído y admirado por su rebeldía y por su discurso orgulloso ante Dios. **En cambio, Lilith pasa a ser una diabla seductora que hechiza a los hombres.** Pero ella también expresa sus motivos como Lucifer, y lo hace con lógica.

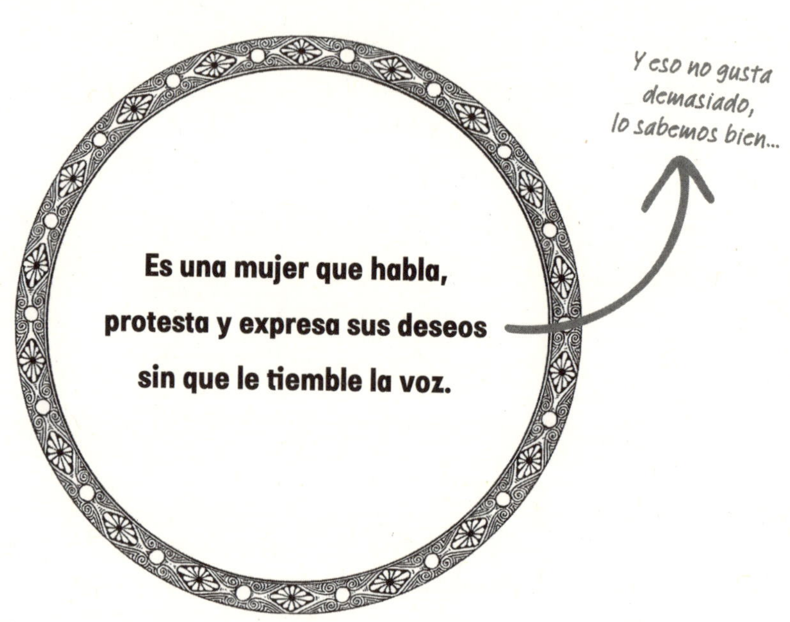

Tus hijos, y los hijos de tus hijos…

Tanto Lilith como Lucifer son condenados a vivir en el exilio, fuera del Edén, pero Lilith recibe un doble castigo: la muerte de sus hijos.

Es bastante típico en las historias antiguas que las maldiciones o castigos hacia las mujeres afectasen también a su maternidad, o bien quedándose estériles o bien viendo morir a sus hijos. **Como, tradicionalmente, la maternidad ha sido vista como uno de los ro-**

les principales que la mujer debe cumplir, para el patriarcado este castigo es el mayor de todos, pues supone la pérdida del estatus social.

Lilith no es más que una mujer insumisa castigada por no cumplir las normas, así como la asociación femenina al mal no es más que el intento del patriarcado de controlar lo indomable y desconocido, como la sexualidad de la mujer.

Las acciones de Lilith siempre son objetivas; utiliza cualquier recurso a su alcance para mantener lo más importante para ella: la libertad y la independencia. **El verdadero pecado de Lilith es negarse a la autoridad impuesta. Y por eso la reivindicamos como símbolo feminista.**

En un contexto como el bíblico, en el que apenas existen **tres estereotipos básicos de mujer**, elegir la independencia y libertad para sí misma significa alejarse del modelo ideal femenino establecido.

Ya hemos visto que Lilith tenía muchas cosas en común con Lucifer por mucho que no fuera tratada de la misma manera. Sin embargo, estoy segura de que se adjudicaría como lema la frase de su contraparte masculina en el poema *El paraíso perdido*, de John Milton: «Mejor reinar en el infierno que servir en el cielo».

El de Lilith, el de Eva y el de María.

Es probable que la semejanza entre Lilith y Lucifer diese lugar a **la figura de las brujas medievales**, de las que se decía que tenían relaciones con Satanás. También los mitos que describen a Lilith como un ser que comía niños podrían haber influido en la acusación que la Inquisición hizo hacia las brujas, como podemos leer en el *Malleus Maleficarum*, un tratado del siglo xv sobre brujería que fue utilizado en los juicios de la caza de brujas: «Las brujas de la clase superior engullen y devoran a los niños de la propia especie, contra todo lo que pediría la naturaleza humana».

En la cultura popular...

A decir verdad, no acabaríamos nunca si nos pusiéramos a contar la de reinterpretaciones de Lilith que podemos encontrar **en el cine, la literatura, los videojuegos, la música...** En televisión y cine ha sido representada como antagonista notable: la demonia de *Supernatural*, la madrina demoníaca en *Las escalofriantes aventuras de Sabrina*, y la madre de vampiros en *True Blood*. En *Las crónicas de Narnia*, la Reina Blanca es descendiente de Lilith. También aparece en la saga *Cazadores de sombras* de Cassandra Clarke, tanto en los libros como en la serie, y en los videojuegos sale en franquicias como *Diablo II*, *Final Fantasy* y *Darksiders*, encarnando tanto el mito clásico del demonio femenino como un avatar de poder sobrenatural.

Pandora

Afrodita: diosa del amor y la belleza.

Atenea: diosa de la sabiduría, la guerra y la artesanía.

Epimeteo: hermano de Prometeo. Su nombre significa 'el que piensa después', y, *spoiler*: hace honor a ello.

Eva: protagonista del mito bíblico paralelo. Como Pandora, es culpada de introducir el mal en el mundo por dejarse llevar por la curiosidad.

Hefesto: dios herrero del Olimpo.

Hermes: el mensajero de los dioses.

Pandora: la primera mujer, creada por orden de Zeus con lo mejor de cada dios: habilidades, belleza, seducción… y una curiosidad que será su perdición.

Prometeo: titán y defensor oficial del género masculino.

Zeus: padre de los dioses y rey del Olimpo. Mal perdedor profesional.

No creas que **la idea de que la primera mujer del mundo era la razón de todos los problemas** habidos y por haber es algo que se le ocurrió por primera vez a la Iglesia… **La patente de esta idea la tienen Zeus junto con el resto de los dioses griegos cuando crearon a Pandora.**

La primera fuente en la que aparece Pandora es la *Teogonía* del poeta Hesíodo, fechada entre los siglos VIII y VII a.C., una obra que trata sobre la genealogía de los dioses griegos. Pero es más adelante, en *Trabajos y días* (siglo VIII a.C.), donde Hesíodo desarrolla más la historia y nos da todos los detalles jugosos. El tema comienza con Hesíodo buscando una lógica a los sacrificios que se hacían en honor a los dioses. Verás: en estos, la parte que se ofrecía a los dioses era la grasa, los huesos, es decir, las partes poco apetecibles. ¿Para qué iban a querer eso los dioses? ¿No se merecen ellos algo mejor?

Uno la lía y otra lo paga

Bueno, pues el culpable de eso es el titán Prometeo, que sentía un cariño especial por los hombres. No podemos generalizar a la raza humana en general, porque en ese momento solo existía el género masculino. De hecho, fueron Prometeo y su hermano Epimeteo quienes se encargaron de crear a los animales que poblarían la Tierra, entre ellos, los hombres.

Total, que Prometeo fue el encargado de hacer la división de la carne y le ofreció a Zeus escoger entre un mogollón de piel y restos, y otro hecho con carne apetitosa. Zeus, obviamente, eligió la segunda opción, pero lo que no sospechaba es que Prometeo se la había jugado y había escondido bajo esa carne los restos no comestibles.

No contento con eso, Prometeo volvió a vacilar a Zeus (parecía que se lo pasaba bien haciéndolo, y no lo voy a juzgar por ello). **A los hombres les hacía falta algo que los hiciera especiales, así que nuestro titán de confianza, Prometeo, robó el fuego de los dioses para dárselo a sus queridos hombres.**

Aquí Zeus dijo «basta» (e imagino que también lanzaría unos cuantos rayos por ahí). El castigo que sufrió Prometeo es uno de los más conocidos de la mitología griega: lo ataron a una roca en la cordillera del Cáucaso, donde cada día recibía la agradable visita de un águila que se zampaba su hígado. **Al ser inmortal, el hígado de Prometeo se regeneraba cada día, así que el castigo era interminable.**

A Zeus también le puso de mala leche cuánto habían progresado los hombres gracias al fuego, así que decidió mandarles un regalito: *to'* lo malo. Zeus pidió a Hefesto que moldease a una mujer de barro, a imagen y semejanza de las diosas. Atenea la enseñó a coser, Afrodita la hizo graciosa y seductora, y Hermes la volvió curiosa y deshonesta. También él le dio la voz (aunque no sabemos para qué, porque Pandora no abre la boca en todo el mito) y su nombre: **Pandora, 'la dotada de todo' o 'la que todo lo da'.**

También es Hermes quien se la lleva volando a Epimeteo. Aquí viene un *fun fact* clave: así como Prometeo significa 'previsión', Epimeteo significa, literalmente, 'pensamiento posterior'. Vaya, que la inteligencia de Epimeteo brillaba por su ausencia. Prometeo le había advertido que no aceptara ningún regalo de los dioses, pero Epimeteo vio a Pandora y se le olvidó el consejito. **De hecho, se casó con ella.**

La ¿caja? de Pandora

Llegamos al momento clave de la historia. Seguro que sabes que Pandora no se presentó en casa de Epimeteo con las manos vacías. Llegó con un recipiente misterioso que no debía abrir por nada del mundo. ¿Cómo dices? ¿Una caja? ¡Qué va! Lo que **Pandora llevaba era una jarra, una tinaja, pero, por culpa de un error de traducción, la historia nos ha llegado mal.**

La culpa de eso es de Erasmo de Rotterdam (que quizá te suene porque a él se le debe el nombre del programa Erasmus). Resulta que el filósofo, filólogo y teólogo neerlandés estaba traduciendo *Trabajos y días* y confundió la palabra *pythos* ('una jarra') con *pyxis* ('una caja'). La obra de Erasmo tuvo muchísima influencia en Europa, **y de este modo se extendió esa idea errónea de la caja de Pandora.** Si lo pensamos, una jarra es mucho más fácil de romper sin querer, pero con una caja la cosa cambia. Una caja requiere más voluntad e intención. **Un dato más que fomenta la idea de Pandora como mujer malvada.**

De vuelta al mito, Hesíodo nos cuenta que los hombres vivían en paz: sin trabajo duro, sin enfermedades... pero entonces Pandora abre la dichosa jarra y se lía parda. De ella salen todos los males que sufre la humanidad: enfermedades, miedo, envidia...

Pero ¿por qué se tacha a Pandora de culpable? Hesíodo no nos da ningún motivo por el que ella quiera abrirla. Solo lo hace. **¿Es**

curiosidad (la misma que le han dado los dioses)? ¿Es maldad?
Desconocemos si sabe lo que hay dentro, ni siquiera sabemos de dónde sale la jarra. Además, Pandora no es la cabeza pensante en esta trama: recordemos que la idea surge de Zeus, que la crean los dioses, y también que Epimeteo podría haber sido un pelín más inteligente.

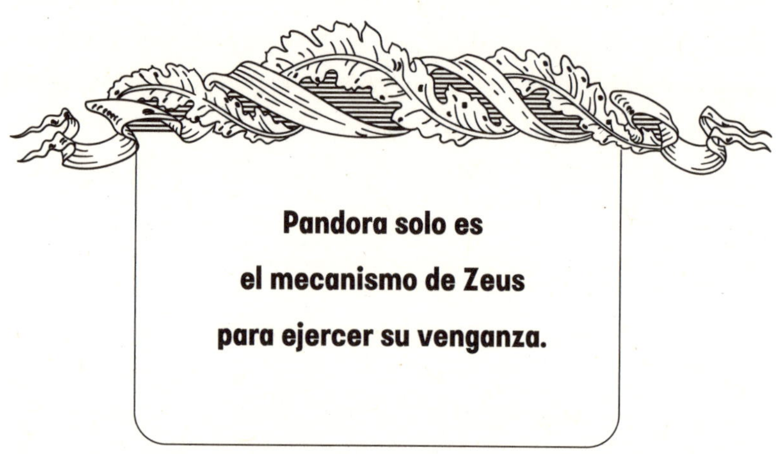

Una vez más, la mujer es instrumentalizada para los fines del hombre.

La eterna culpa femenina

Puede que el motivo no sea otro que mostrar a la mujer como un ser incapaz: incapaz de controlarse, incapaz de evitar las tentaciones e incapaz de no traer problemas. Esto justificaría que, en la antigua Grecia, las mujeres estuviesen bajo tutela masculina y que, como consecuencia de ello, **requiriesen de la autorización de su marido para hacer cualquier cosa.**

...o del hombre que fuese su tutor.

Como comentaba al principio, esta visión misógina de Pandora tiene un paralelismo clarísimo: Eva en la Biblia cae en pecado por curiosidad al comer del árbol prohibido y, por ello, es culpada de la caída de la humanidad. **En ambos mitos las mujeres son obligadas a tener una relación problemática con el conocimiento y la sabi-**

duría: Pandora siente curiosidad y abre la jarra, y Eva toma el fruto prohibido porque, según le cuenta la serpiente, se enterará de muchas cosas. Ambos actos son presentados como naturales en las mujeres, porque no pueden evitar la curiosidad, y castigados severamente.

Tanto el mito de Pandora como el de Eva dejan entrever la idea de que el acceso de las mujeres al conocimiento ha sido percibido como peligroso a lo largo de la historia. La nueva mirada es la siguiente: Pandora no quiso hacer daño por maldad, sino que quedó atrapada en una trama divina.

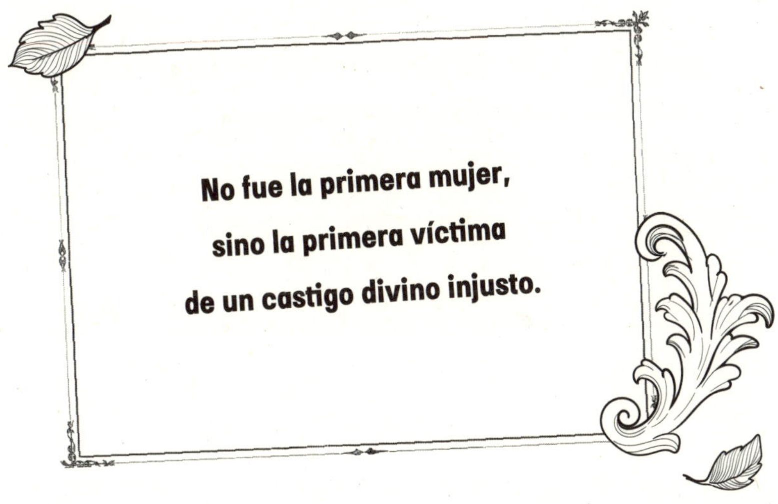

Por eso, reinterpretarla (en el arte, el teatro o la literatura) significa quitarle la etiqueta de «mujer malvada» y «portadora de todos los males», y **reconocerla como símbolo de la lucha contra la demonización de lo femenino**.

Pandora se cuela por todas partes como sinónimo de misterio, peligro o curiosidad desatada. Desde la película *Avatar* (2009), en la que Pandora es el nombre del exuberante planeta alienígena, hasta el cómic **Sandman**, de Neil Gaiman, en el que Pandora aparece como figura trágica ligada al destino humano. En **la saga de Percy Jackson**, de Rick Riordan, su famosa caja reaparece como artefacto mitológico con efectos catastróficos. Más allá de las referencias directas, el mito inspira títulos de canciones, como **Pandora's Box de Aerosmith**, y videojuegos (**un calabozo llamado «Pandora's Box» en *God of War***). Cada vez que vemos esa palabra en el título, sabemos que lo que viene está cargado de suspense y consecuencias imprevisibles.

Penélope

Antínoo: el más insistente de los pretendientes de Penélope y, en algunas versiones, su amante.

Clitemnestra: hermana de Helena, prima de Penélope.

Helena: prima de Penélope; la famosa Helena de Troya.

Icario: padre de Penélope.

Laertes: suegro de Penélope.

Odiseo: rey de Ítaca, marido ausente y maestro del engaño.

Pan: dios del bosque, hijo de Penélope en versiones alternativas del mito.

Penélope: reina de Ítaca y esposa de Odiseo, símbolo de ingenio y fidelidad.

Telémaco: hijo de Penélope y Odiseo, criado sin padre y en busca de respuestas.

Tindáreo: padre de Helena y Clitemnestra.

Penélope era la reina de Ítaca y esposa de Odiseo. La conocemos como la esposa fiel que esperó veinte años el regreso de su marido tras la guerra de Troya. Durante ese largo tiempo, Penélope defendió su trono frente a 108 pretenciosos pretendientes, usando el ingenio en lugar de la fuerza.

Debido a su larga espera, **Penélope se convirtió en símbolo paradigmático de la fidelidad conyugal**, y a lo largo de la *Odisea* Homero destaca sus estrategias para evitar casarse con uno de los tantos pretendientes que tuvo.

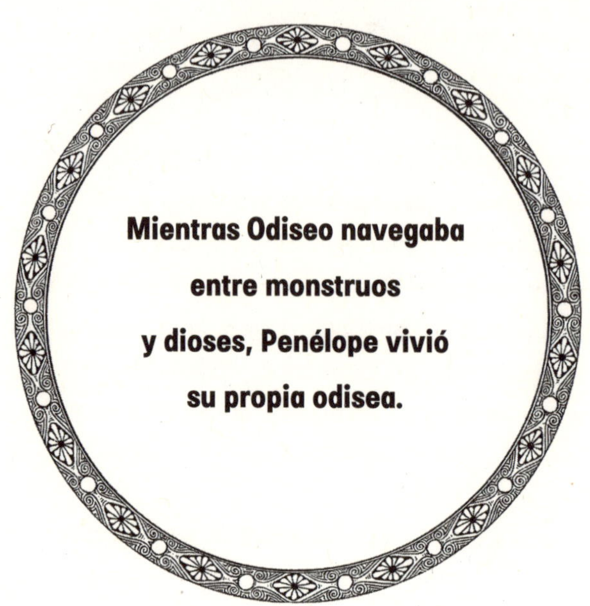

El *match* de Penélope y Odiseo

Ya hemos visto en el capítulo de Clitemnestra lo que supuso la huida de Helena de Esparta para Grecia. Bueno, pues Penélope tiene su lugar en esa historia, y es que **era la prima de las princesas espartanas** y también estuvo presente cuando los reyes de las distintas polis griegas fueron a ver quién apostaba más alto por la mano de Helena.

Entre esos reyes estaba Odiseo, el rey de Ítaca. Este se dio cuenta de algo enseguida: no le interesaba casarse con Helena, pues eso supondría tener en contra al resto de reyes. Así que, para ahorrarse futuros follones, se le ocurrió una idea: **que todos los pretendientes de Helena juraran apoyar al suertudo escogido como marido en caso de que esta huyese o fuese raptada por otro hombre.**

Odiseo no tenía pensado irse con las manos vacías después de todo el viaje, así que, gracias a su consejito, consiguió que Tindáreo, el padre de Helena, le echase una mano para negociar con Icario, el progenitor de Penélope, su boda con Penélope.

Otra versión cuenta que Icario organizó una carrera para escoger el esposo de su hija. Odiseo ganó, pero Icario no quería que Penélope se fuese de Esparta (algo raro si tenemos en cuenta que lo normal para los padres era querer quitarse de encima a las hijas), así que Odiseo dejó que Penélope escogiera entre quedarse con él o con su padre, y ella, tímidamente, se cubrió el rostro con un velo, que para que nos entendamos, significaba que prefería elegir a su nuevo esposo. **Y así, marido y mujer pusieron rumbo a Ítaca.**

Penélope y Odiseo tuvieron un hijo, Telémaco, que no era más que un bebé cuando su padre tuvo que irse a luchar en Troya (haber ideado el plan no significaba que se librase de la guerra). Durante los diez años que duró el conflicto no hubo mucho problema en Ítaca, pero digamos que a Odiseo le costó un poquito volver a casa: otros diez años.

Toda una *mastermind*

Los hombres que querían ocupar el puesto de Odiseo comenzaron a llenar el palacio de Ítaca cuando ya **todo el mundo (menos Penélope)** creía que el rey debía estar muerto. Durante la ausencia de Odiseo, los pretendientes prácticamente convirtieron el palacio en su casa, celebrando banquetes a costa de Penélope y su hijo. Comían y bebían y comían y bebían, pero también exigían que Penélope se casase con alguno de ellos, mientras ella fingía consideración y, privadamente, sufría consumida por el dolor y la incertidumbre.

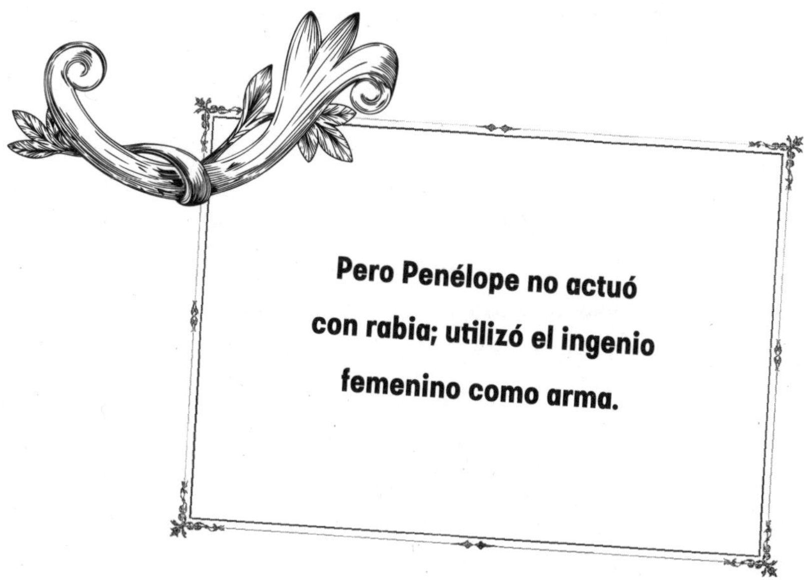

Se le ocurrió el famoso truco del sudario: prometió a los hombres que se casaría cuando acabara de tejer un sudario funesto para su suegro Laertes (que no se estaba muriendo, pero era la excusa perfecta). **El truco estaba en que lo que tejía de día, por la noche lo destejía a escondidas.** Así estuvo tres años. La pregunta es: ¿qué clase de sudario pensaban los pretendientes que estaba tejiendo? ¿Uno kilométrico?

El truco le permitió ir ganando tiempo hasta que, finalmente, **una de sus criadas la delató.** Pero este momento de tensión coincide con el regreso de Odiseo y con la ocurrencia de Penélope, que propone a los pretendientes una prueba: aquel que pudiese tensar el arco de Odiseo (era un arco muy pesado y difícil de usar) y disparar una flecha que atravesase doce hachas consecutivas sería el elegido.

Efectivamente, ninguno de los pretendientes lo logró. Pero un mendigo que acaba de llegar a palacio se ofrece a probarlo, y él sí lo consigue. Penélope se da cuenta al instante de que el mendigo es en realidad Odiseo, **y ahí empieza el show**: Odiseo y Telémaco matan a todos los pretendientes y a las criadas de Penélope, que afronta la situación con cautela: para asegurarse de que fuera Odiseo, le pide mover la cama para dormir en ella. Al oír esto, Odiseo se altera: ¿cómo va a mover la cama, si él mismo la construyó sobre un olivo cuyas raíces estaban clavadas en el suelo de la habitación? **Este detalle secreto, conocido solo por ellos dos, le confirma a Penélope que no es un impostor, y finalmente se abrazan tras veinte años separados.**

Más allá de la esposa ideal

Penélope ha sido vista siempre como la esposa ideal (no solo por la sociedad, sino también por personajes de los propios mitos, como Agamenón, que la compara con Clitemnestra). **Penélope es idealizada por su fidelidad y paciencia:** no se casó con ningún pretendiente, sino que los vaciló hasta que Odiseo regresó. Pero verla solo como esposa ideal sin matizarla es quedarse en la superficie. Si definimos «ideal» como la esposa que no se relaciona con otros hombres, Penélope cumple al 100 %. Pero ¿cómo podemos valorar su papel como esposa si Odiseo y ella estuvieron separados veinte años?

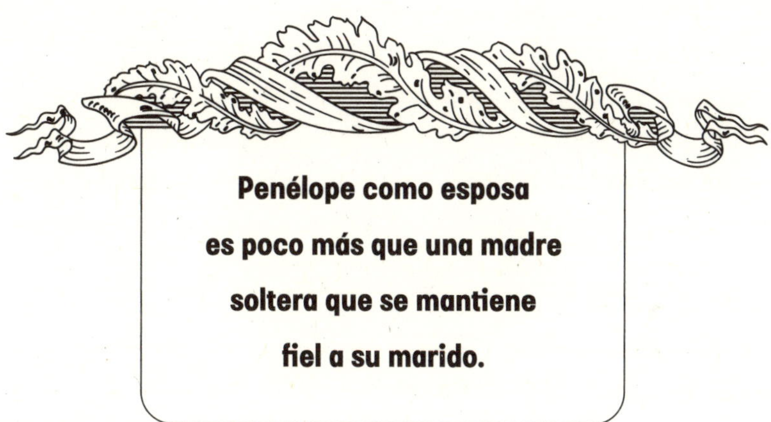

Ese es otro tema. ¿Es Penélope la mujer ideal porque le es fiel a Odiseo? ¿Qué pasaría si no hubiese sido así? Existen versiones del mito en las que Penélope no «espera» a su marido: por ejemplo, Pausanias (erudito del siglo II d.C.) cuenta que Odiseo expulsó a Penélope por infiel, primero a Esparta y luego a Mantinea, en el Peloponeso, donde murió. Y Apolodoro escribe que Penélope fue seducida por el pretendiente Antínoo. Otros agregan que hasta los dioses anduvieron tras ella, que fue madre del dios Pan con Apolo, o con Hermes, o incluso que se lio con todos los pretendientes. **Aunque estas versiones son minoritarias, cambian radicalmente la imagen de «mujer ideal» al reflejar una sociedad que castigaba la sospecha de infidelidad con el exilio o la muerte.**

Pero, entonces ¿por qué nos ha llegado solo la historia de la mujer fiel? ¿Por qué reducir únicamente a Penélope a obedecer sin chistar? Estos relatos chocan con la imagen perfecta que conocemos de Penélope, la hacen más humana, una mujer con sentimientos que no son perfectos (o no son los que la sociedad quiere que tengamos).

Si Penélope hubiera vivido en la actualidad, probablemente no duraría ni una semana sin bloquear a Odiseo en Instagram por *ghostearla*. O, al menos, nos preguntaríamos si vale la pena esperar por un marido ausente cuando hay tantas opciones.

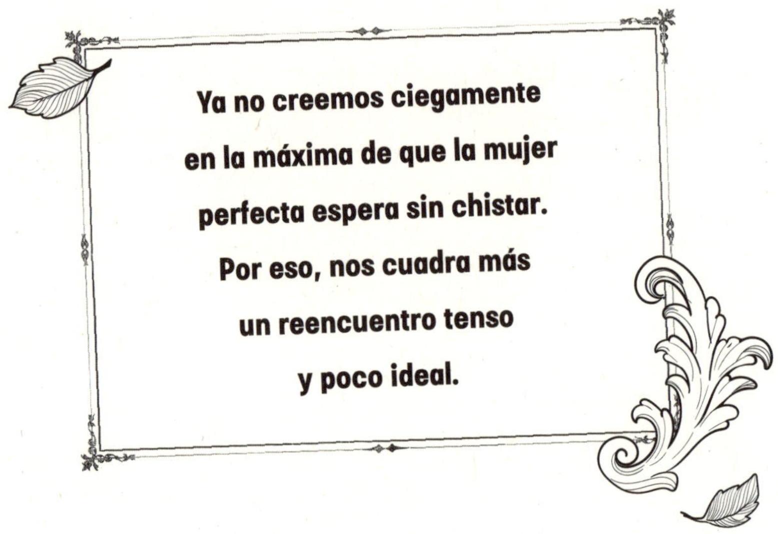

En la *Odisea*, Penélope es la heroína discreta que mantiene el orden en casa mediante la astucia. Pero cuando hacemos una lectura feminista, su historia da para más que leyenda moral. **Penélope demuestra que las mujeres también tienen poder intelectual: ella sobrevivió gracias a su ingenio, no a su pasividad.**

Penélope representa la fuerza de quien sobrevive a la ausencia y a la injusticia, y nos deja preguntas importantes: **¿hasta qué punto admiramos el sacrificio femenino por encima de la felicidad de la mujer misma?** Al final, más allá de los mitos, lo que importa es que cada mujer, como Penélope, teja su propio destino y no un sudario impuesto por la tradición.

Para mí, la mejor reimaginación de Penélope la encontramos en **el episodio «La odisea de Homer» de *Los Simpson***.

En este capítulo, Homer encarna a Odiseo, Marge es Penélope y todos los suyos (Moe, Lenny, Carl...) aparecen como parte de su tropa de pretendientes/guerreros que se las ingenian para conquistarla mientras Homer anda perdido. La parodia se encarga de hacer evidente lo absurdo del heroísmo masculino: Homer hace el viaje de regreso, mata a los pretendientes para salvar a Marge, y luego se queja de que ella lo «ahoga» emocionalmente, y prefiere irse al bar en lugar de hablar con ella.

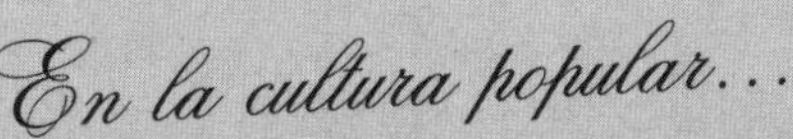

Lee su historia

Penélope también tiene su sitio en los *retellings* mitológicos. Desde ***Penélope y las doce criadas***, de Margaret Atwood, hasta la trilogía de **Las canciones de Penélope**, de Claire North. Lidia G. Merenciano nos presenta una Penélope poco conocida en su ***Penélope***, en la que se convierte en una heroína que nada tiene que envidiar a su marido.

MUJERES

«MONSTRUOSAS»

Atargatis

Afrodita: diosa griega del amor.

Atargatis/Derceto: diosa siria del mar, la fertilidad y el amor, representada con cuerpo de pez.

Combabus: hombre encargado de acompañar a Estratónice en su misión religiosa.

Diodoro Sículo: autor de la *Biblioteca histórica*.

Estratónice: reina del Imperio seléucida.

Euno: esclavo profeta de Atargatis y líder de una rebelión en Roma.

Hadad: dios de la lluvia y esposo de Atargatis.

Heródoto: historiador griego que describió el templo de Atargatis en Hierápolis.

Luciano: escritor grecorromano que dejó testimonio del culto a Atargatis.

Seleuco I: rey seléucida y fundador del imperio del mismo nombre.

Semíramis: hija legendaria de Atargatis; reina histórica de Asiria.

Conocida como Derceto por los griegos y Dea Syria por los romanos, **Atargatis era la divinidad principal de la antigua Siria**. Esta deidad combinaba atributos poderosos: reina del océano y la fertilidad, diosa del amor y protectora tanto de los animales como de los seres humanos y de los centros urbanos. Como muchas divinidades, Atargatis acumulaba epítetos (ya sabes, esa especie de motes), como «pura», «virgen», «salvadora» o «madre de dioses», que subrayan su carácter complejo y su relevancia en distintas facetas de la vida.

Nuestro primer encuentro histórico con Atargatis llega de la mano del historiador griego Heródoto, quien describe su santuario principal en Hierápolis Bambyce (la actual Manbij). Imagina **un templo forrado en oro y gemas**, decorado con estatuas de la diosa y de Hadad, su esposo, el dios de la lluvia.

Una de las características más llamativas del culto a Atargatis era su organización: las ceremonias estaban dirigidas, en gran medida, por mujeres trans. Estos ritos implicaban un proceso de transformación ritual: la castración, el cambio de vestimenta, el maquillaje y el pelazo largo, que desafiaba las normas de género de la época. **Esas personas encontraban en esta deidad un espacio para redefinir su identidad, algo que hoy seguiría resonando en las discusiones sobre diversidad y visibilidad.**

¿Sabías que...?

Atargatis llegó a Roma de la mano de los esclavos sirios, y allí se convirtió en **la diosa de las minorías oprimidas**. De hecho, el culto a Atargatis propició una de las revoluciones de esclavos más importantes: **la primera guerra servil** (135-132 a.C.). Fue liderada por Euno, un esclavo sirio que se autodeclaró profeta y tomó ciudades como Enna, gracias a su carisma y supuestas visiones divinas (resulta que Euno afirmaba poder comunicarse con Atargatis).

Para consolidar su autoridad religiosa, imitó ritos vinculados a este culto, como arrancarse el cabello o ingerir peces sagrados, prácticas procedentes del santuario de Hierápolis en Siria y que reforzaron su aura profética.

Así, la influencia de Atargatis en la primera guerra servil fue un **pilar religioso y político** que reforzó el movimiento rebelde hasta su derrota final en 132 a. C.

La sirenita siria

De hecho, varios de los mitos de Atargatis nos llegan gracias a autores romanos. En la *Biblioteca histórica* (siglo I a.C.), Diodoro Sículo cuenta que un día Afrodita, por celos, le lanzó una maldición a Atargatis para que se enamorase de un chico de su culto. Este, superfiel, le echaba flores y ofrendas a diario, y la diosa, que no estaba acostumbrada a esas emociones humanas, tuvo un flechazo de los buenos.

De esa relación acabó naciendo una niña. Pero aquí es donde la historia se complica un poco: Atargatis, **agobiada por el qué dirán**, mató al chico y dejó a la bebé en medio del desierto. Pero la historia acaba bien: **unas palomas** (el símbolo de Atargatis) **encontraron a la niña y la cuidaron** como si fuera su polluelo.

Un tiempo más tarde, un pastor del rey de Asiria la encontró y la llevó al palacio, donde la acogieron, le pusieron el nombre de Semíramis y se casó con el rey. Esta historia es la leyenda mitológica de la reina histórica Semíramis, que reinó en Asiria entre los años 811 y 806 a.C.

Pero la cosa continúa; no acaba ahí: Atargatis, desesperada, se arrojó al lago donde la veneraban y, en el instante en que **tocó el agua**, se convirtió en un pez con cabeza humana. Básicamente, se transformó en **la primera sirena de la historia**.

El cofre del tesoro

En *De Syria Dea*, de Luciano, encontramos otro mito que conecta a Atargatis con el Imperio seléucida, un imperio helenístico en Asia occidental fundado en el año 312 a.C. La reina Estratónice, la mujer del rey Seleuco I, soñó que Atargatis le ordenaba que construyese un templo en su honor en Hierápolis.

Seleuco I, que no podía decirle que no a su mujer, la mandó a Hierápolis con obreros y arquitectos, pero también con un vigilante para controlar a su mujer, su amigo Combabus. Pero a Combabus le entró la paranoia de que Estratónice se le lanzara, porque, en el caso que lo hiciese, él no podría resistirse y tendría problemas con Seleuco. En lugar de hablar las cosas, Combabus toma una decisión más drástica: **autocastrarse, guardar sus genitales en un pequeño cofre y dárselo al rey para que lo guardase**.

Aunque la actitud de Combabus fue extraña, su intuición no le falló, porque más tarde fue acusado de haber violado a Estratónice. Pero entonces, Combabus pidió a Seleuco que sacase aquel cofre que le había dado, en el que había guardado «su mayor tesoro». Puedes imaginar la cara del rey al abrirlo y encontrar «la sorpresa».

¿Qué nos dice este mito sobre los pactos de poder y la responsabilidad de los hombres ante el consentimiento? Combabus eligió una operación irreversible para no ceder a un deseo, pero ¿no habría sido mejor abrir el diálogo y exigir respeto sin tal sacrificio? A partir de ese momento, Combabus abandona la corte y se refugia en el templo de Atargatis. Allí inicia su segundo gran cambio: adopta vestimenta femenina, se maquilla, se deja crecer el cabello y asume el rol de sacerdotisa.

Al transformarse en mujer, Combabus y quienes lo siguieron reinterpretaron su identidad en un contexto que, a pesar de ser sagrado, rompía las reglas sociales. Y es que las sacerdotisas de Atargatis generalmente eran hombres al nacer, pero se autocastraban cuando se introducían en el culto, en el momento álgido de un ritual frenético de música y danza.

La historia de Atargatis y de sus seguidores nos recuerda que los espacios religiosos pueden convertirse en focos de transformación social y de cuestionamiento de las normas establecidas.

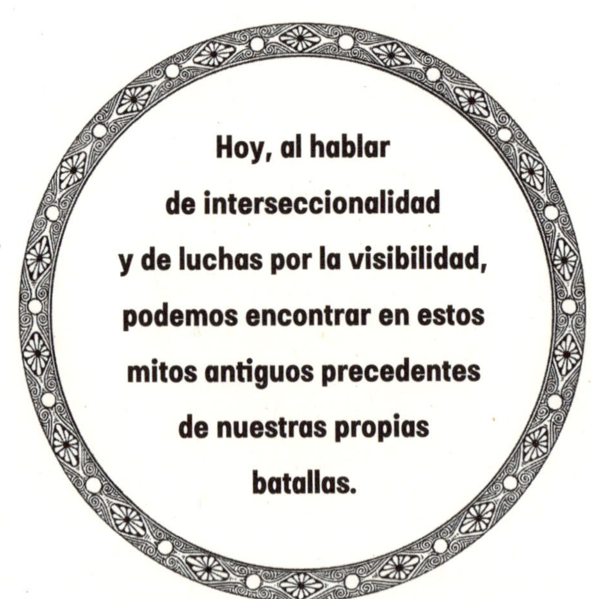

Atargatis/Derceto ha dejado algunas huellas curiosas en la cultura pop moderna. Por ejemplo, su nombre aparece en el videojuego **Alone in the Dark**, donde la misteriosa mansión en la que transcurre la acción y en la que mueren personajes en extrañas circunstancias se llama Derceto.

Y si también te pasabas las tardes viendo Disney Channel en los 2000, igual recuerdas a una directora cuyo apellido era Derceto en **Jake Long: el dragón occidental**... ¡y resulta que en la segunda temporada revelan que es una sirena!

Kiyohime

Anchin: monje viajero cuya promesa marcará el destino de ambos.

Kiyohime: joven apasionada y temperamental, cuya entrega emocional desbordó todos los límites.

Acompáñame a Japón para conocer a la siguiente protagonista. **Kiyohime es uno de los demonios más famosos de la literatura japonesa.** Conocidos como *hannya*, estos demonios surgían de las emociones humanas, pues consumían a la persona y la transformaban, normalmente, en dragón o serpiente. La mayoría de *hannya* eran mujeres a las que algún hombre había roto el corazón y que estaban llenas de rabia, celos o dolor.

Hay tres tipos de *hannya*: los menos poderosos (namanari), que pueden recuperar la humanidad; los intermedios (chunari), que pueden recuperarla, pero solo con la ayuda de un monje budista; y los más poderosos, los *honnari hannya*, cuya transformación ya se ha completado al 100 % y no hay vuelta atrás: **serán demonios hasta la muerte**.

Las primeras menciones del mito de Kiyohime aparecen en dos colecciones de leyendas japonesas: *Dainihonkoku Hokekyō Kenki* (1040 d.C.) y *Konjaku Monogatarishū* (1120 d.C.). **Como ya es costumbre, sí, hay varias versiones del mito.** En una de ellas, Kiyohime era una joven que vivía con su familia cerca del río Hidaka, en la actual provincia de Wakayama. Por ahí pasaba un camino de peregrinaje, y su familia solía abrir su casa a los monjes que desfilaban por allí.

Falsas promesas, corazones rotos

Un día acogieron en su casa a un joven llamado Anchin, quien se convirtió en el primer *crush* de Kiyohime. En este punto de la historia, tenemos que hablar de cómo era ella: una niña **un poco lianta**, que no paraba quieta y siempre estaba armando follón. **Anchin decidió aprovecharse de la obsesión de Kiyohime por él** y le prometió

Bastante

que, si se portaba bien y no le hacía la vida imposible a sus padres, regresaría cuando fuese lo suficientemente mayor para casarse con ella.

Kiyohime, con la ilusión de una niña, se aferró a la promesa y cada año esperaba el regreso de Anchin, pero nunca llegó. Se quedaba en otras casas y evitaba el camino que pasaba por la casa de ella.

Hasta que años más tarde, al final, regresó. Kiyohime le recordó la promesa y Anchin, **en lugar de hincar la rodilla, se quedó tieso**. Le dijo que nunca había sido una promesa seria, que solo lo hizo para ayudar a sus padres. Como puedes imaginar, Kiyohime se derrumbó.

Con todos ustedes: el karma

A la vuelta del peregrinaje, Anchin fue por otro camino para evitar la casa de Kiyohime. Esta se enteró y, sin pensárselo dos veces, cogió la puerta y fue a buscarlo. Anchin notó que alguien lo seguía y fue en dirección al río para cruzarlo y pedir ayuda **en el templo de Dojoji**. También le pidió al barquero que no ayudase a cruzar a Kiyohime (en el fondo, sabía que era ella quien lo seguía).

Pero Kiyohime no necesitaba ayuda para cruzar el río: su rabia la convirtió en un *honnari hannya*, o sea, un demonio para siempre (normalmente la transformación era cuestión de años, pero su ira era tal que se transformó en cuestión de segundos). Mientras perseguía a Anchin, su cuerpo mudó la piel y **se convirtió en una serpiente enorme que escupía fuego**, y nadó a través del río sin inmutarse por las corrientes.

Hagamos una pausa aquí. La transformación de Kiyohime en *honnari hannya* ocurre en apenas unos segundos porque su dolor es tan intenso que hace que su ira se dispare al límite. **Pero, escúchame**: ¿que una chica con unos sentimientos que pueden llegar a considerarse desmesurados acabe convertida en un monstruo no te parece... sospechoso?

Es la historia de siempre:
una sociedad que margina y
tilda de «locas» a las mujeres que
expresan emociones intensas
como el amor, el odio
o la traición.

Vuelta al ruedo: los monjes escondieron a Anchin detrás de un *bonshō* (un tipo de campana típica de los templos budistas de Japón), pensando que allí estaría a salvo. Como si fuera tan fácil huir de una serpiente enorme. En cuanto llegó al templo, Kiyohime olió a Anchin y fue hacia la campana. Ahí va el momentazo: se enroscó alrededor de la campana y le escupió fuego, de tal modo que calcinó a Anchin al mismo tiempo que el bronce de la campana se fundía a su alrededor. Después, derrotada, Kiyohime se dirigió al río y se ahogó en sus aguas.

Por suerte, hay una versión con un final un **poquito más feliz**: después de morir, Anchin se le apareció en sueños a uno de los monjes que lo había ayudado a esconderse en el templo y le confesó que en su nueva vida continuaba sin estar en paz, porque Kiyohime lo había seguido también en la muerte. Entonces, le rogó al monje que celebrase una ceremonia para que ambos pudiesen reencarnarse en otra vida y en otro plano, y dicho y hecho. De este modo, Kiyohime y Anchin pudieron vivir otra vida (y esa vez con suerte) feliz.

Podemos sacar unas cuantas conclusiones de la historia de Kiyohime, pero empecemos por el principio: **la falsa promesa de Anchin**. El monje se aprovecha de Kiyohime, que no es más que una niña: en lugar de ser honesto con ella desde el principio, la engancha con promesas vacías para salirse con la suya. Anchin no solamente es un monje, es también un adulto y, como tal, podríamos esperar de él que actuase como un ejemplo a seguir. Él podría haberle enseñado a Kiyohime buenos modales o explicarle por qué no era apropiado portarse mal. Pero no lo hizo. **Su comportamiento demuestra cómo el silencio y la evasión masculina ante el deseo femenino pueden ser atosigantes y, no raramente, también destructivos.**

Por otro lado, convertirse en serpiente no es (únicamente) un castigo para Kiyohime: también se trata de una respuesta radical frente a una ofensa: **su cuerpo se transforma, arde y actúa**. Se convierte en la encarnación de un poder femenino total, sin matices y sin excusas.

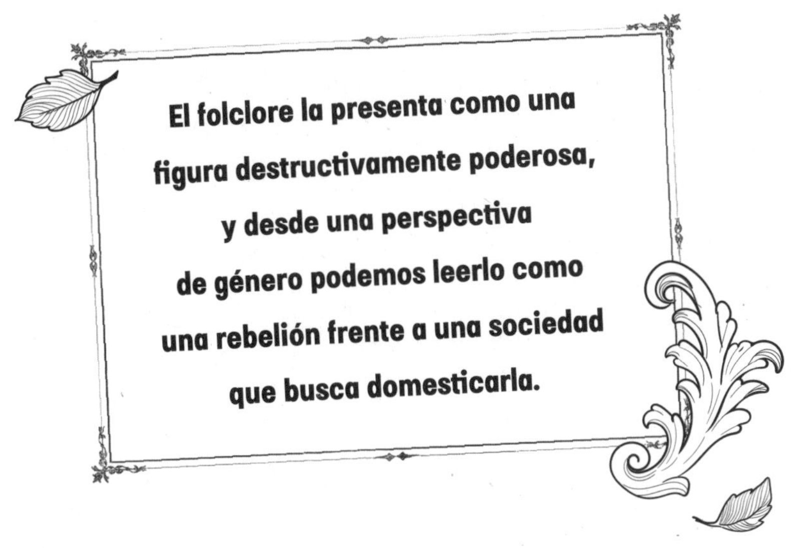

La historia de Kiyohime puede interpretarse como advertencia: «No dejes que el amor se vuelva obsesión». Sin embargo, **también es espejo**: una mujer que no podía aceptar que la despreciasen reaccionó de manera drástica. **En un mundo que valoraba la contención emocional y el silencio femenino, ella eligió la visibilidad total, por dolorosa que fuese.**

¿Sabías que...?

La leyenda de Kiyohime y otros *hannya* se siguen representando en **el teatro Noh**, un tipo de teatro tradicional japonés que data del siglo XIV y que apenas ha cambiado. Normalmente, el personaje principal experimenta una emoción intensa que expresa a través de la danza, los gestos, la música y la poesía. **Se usan máscaras especiales llamadas también *hannya***, hechas de madera de ciprés japonés, pintadas y barnizadas con una laca que refleja la luz, con mandíbulas cuadradas, cuernos, sonrisa triste y un pelo negro alborotado que simboliza la locura.

Medusa

Crisaor: gigante cuya gestación no me explico, la verdad.

Esteno y Euríale: hermanas inmortales de Medusa.

Medusa: única gorgona mortal, conocida por su melena de serpientes y su mirada petrificante.

Minerva: diosa romana de la sabiduría a la que le vendrían bien unas clases de sororidad. Es la Atenea de los romanos.

Neptuno: dios romano del mar que sigue los pasos de su hermano Júpiter (Zeus) en lo que a las mujeres respecta. La versión romana de Poseidón.

Pegaso: caballo alado que muy poco tiene que ver con el que te vendió Disney.

Perseo: héroe de pacotilla; hijo mortal de Zeus y Dánae, el villano real.

Volvemos a tierras griegas para hablar de Medusa. Si Kiyohime es uno de los demonios más famosos del folclore japonés, **Medusa es uno de los monstruos más conocidos de la mitología griega**, por no decir el que más. Seguro que te suena: una mujer con melena de serpientes y una mirada petrificante.

A riesgo de sonar de nuevo repetitiva, lo diré una vez más: hay varias versiones de este mito. Pero lo bueno es que al menos **todas** coinciden en algo: Medusa era hija de Forcis y Ceto, una pareja de monstruos que tuvieron una descendencia de lo más variopinta. Las que más nos interesan para esta historia son **las Grayas, o sea, 'grises', en referencia a sus canas** (y no, no me lo estoy inventando yo, no lo cuenta Hesíodo en su *Teogonía*), **un trío que compartían un único ojo y diente**, y que, aunque solo salen en este mito, parece ser que tenían la respuesta a cualquier pregunta; y también **las Hespérides, unas ninfas cuyo objetivo en la vida era cuidar de un jardín** llamado como ellas y que estaría situado en la cordillera del Atlas.

El autor principal que nos cuenta esta versión de Medusa es, otra vez, Hesíodo. Según él, Medusa tenía dos hermanas (bueno, en realidad tenía muchas hermanas, como ya hemos visto, pero estas dos eran gorgonas, como ella): Esteno y Euríale. **Las gorgonas tenían ese característico pelo hecho de serpientes, alas y**, según la versión, **colmillos de jabalí**. Hesíodo añade un detalle: hace a Medusa la única mortal de sus hermanas. Medusa vive con sus hermanas en los confines del océano y no se mete con nadie hasta que llega Perseo y le corta la cabeza. Pero dejemos este drama para más adelante.

¿Sabías que...?

En la Antigüedad, **la cabeza de *gorgona*** (conocida como *gorgoneion* en griego) se convirtió en un poderoso símbolo apotropaico, es decir, **un amuleto diseñado para ahuyentar el mal**. Se colocaba en puertas de casas, umbrales, escudos, armaduras, monedas e incluso en los hornos de algunas casas, con la intención de intimidar y repeler espíritus malignos o amenazas físicas.

En el ámbito militar, la imagen de la gorgona era **parte del escudo o la égida de Atenea y Zeus**, y servía como defensa psicológica además de visual: la mirada devastadora de Medusa servía para atemorizar al enemigo antes del combate.

La sangre de las gorgonas también era especial. Se creía que las serpientes venenosas de África nacieron de las gotas de sangre de Medusa que cayeron sobre la arena o que, según el poeta romano Ovidio, las gotas que cayeron al mar convirtieron las algas en coral.

Ovidio y su *retelling*

En los últimos años se ha popularizado la versión de la historia en la que Medusa es la víctima, y esa se la debemos a Ovidio. El poeta romano nos cuenta en sus *Metamorfosis* (siglo ɪ d.C.) que Medusa era una chica guapísima con pelazo que vivía en el fin del mundo con sus hermanas (esa parte no cambia). Al crecer, **Medusa decide ser sacerdotisa de Minerva** (la Atenea romana, diosa de la sabiduría... vamos, tienes un capítulo entero dedicado a ella) **y, como tal, debía mantenerse virgen de por vida**.

Medusa estaba feliz con su vida dedicada a la diosa Minerva hasta que apareció **el dios del mar, Neptuno**.

Poseidón, para los griegos

Un día, Neptuno contempló a Medusa junto a la orilla del mar y **se le metió entre ceja y ceja acostarse con ella**. Medusa lo rechazó por activa y por pasiva, y, cuando se dio cuenta de que Neptuno no iba a parar hasta conseguir lo que quería, huyó al templo de Minerva a refugiarse. Pero a Neptuno le dio igual y violó a Medusa en el templo.

Supernormal todo esto.

Como es de esperar, a Minerva no le gustó absolutamente nada ver cómo su templo había sido ultrajado y decidió castigar a Medusa por ello, convirtiéndola en monstruo. **Como ya hemos podido ver en el capítulo dedicado a Aracne, Minerva/Atenea no era especialmente amable con otras mujeres**, así que, en cierto modo, no nos sorprende su actitud. Tampoco nos sorprende porque, por desgracia, culpabilizar a las víctimas de agresiones sexuales sigue estando a la orden del día: **que si iba sola por la calle, que si vestía de una cierta manera...**

Te suena, ¿no?

Sin embargo, existen algunas reinterpretaciones del mito que nos sugieren que Minerva castigó a Medusa con una buena intención: para protegerla de otras posibles y futuras agresiones de los hombres hacia ella.

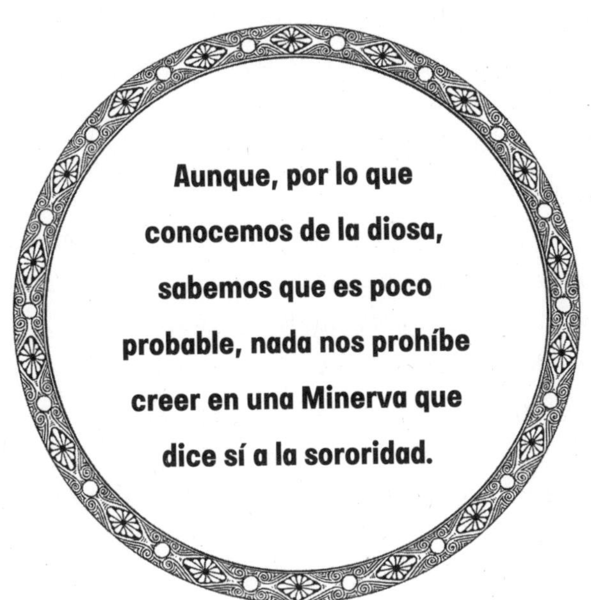

No hay historias de Medusa comportándose como una villana después de su transformación; no arrasaba ciudades ni iba por ahí petrificando a la gente. **De hecho, los únicos ejemplos de alguien convertido en piedra por Medusa ocurren después de que Perseo le cortase la cabeza.** Vamos a eso.

Un héroe de pacotilla

Perseo era hijo de Zeus y la mortal Dánae. El padre de esta temía que el hijo de Dánae lo superase en poder (de verdad, el miedo de los padres a que sus hijos los superen es un tema demasiado recurrente en la mitología), así que los mandó lejos de casa. Dánae y Perseo llegaron a la isla de Serifos, donde reinaba Polidectes, quien se obsesionó con Dánae. A Perseo le daba mala espina, así que intentó interponerse en el matrimonio entre su madre y el rey, y este se lo quitó de encima mandándole una hazaña imposible: conseguir la cabeza de Medusa.

Para ser considerado un héroe, Perseo tuvo la ayuda de bastantes dioses: Atenea y Hermes lo ayudaron a encontrar a las Grayas, que a su vez lo ayudaron a encontrar a las Hespérides, y estas lo equiparon con objetos divinos. Cuando Perseo llegó a la cueva de las gorgonas, fue Atenea la que guio su espada para cortarle el cuello a Medusa, mientras él miraba en el reflejo del escudo de la diosa para no acabar convertido en pedrusco. Por cierto, durante todo ese rato, Medusa dormía. No es que fuese un duelo precisamente justo.

Del cuello cortado de Medusa aparecieron dos seres: **Pegaso** (sí, sí, el caballo alado de *Hércules* no fue creado por Zeus como nos hizo creer Disney) **y el gigante Crisaor**. Se les considera hijos de Medusa y Poseidón, ya que en la mitología griega también tuvieron un lío, aunque al menos este sí fue consentido.

Y esta es la historia de siempre: nos han vendido a Perseo como un héroe, pero si lo miras bien es el villano del cuento. Las hazañas de este chico son las que recogen los libros, dando mil vueltas a lo que ocurrió: premian su machismo y su violencia y olvidan el verdadero drama. **Medusa, que no se metió con nadie, acaba decapitada.** Primero la viola un dios, luego una diosa la castiga, y al final un mortal la mata para satisfacer el capricho de otro hombre: es la víctima hecha culpable.

Además, que Medusa sea mortal, o de naturaleza humana, acentúa la idea de la monstruosidad como la condición natural de la mujer. Asimismo, que Medusa fuese transformada en monstruo y, encima, asesinada por ello, forma parte de la noción de la sociedad de que lo feo es malo. **Una mujer «fea» tiene todas las papeletas de ser la villana de la historia, o si no que se lo digan a la bruja de Blancanieves o a Úrsula de *La Sirenita*.**

Igual que hemos visto con Lilith, el cine y la cultura pop en general han perpetuado una imagen sexualizada de Medusa, como Uma Thurman en la película *Percy Jackson y el ladrón del rayo* o Rihanna en la portada de la revista *GQ*, con un tocado de serpientes y lentillas que le acaban de dar el toque. Son representaciones que subrayan la dualidad de Medusa: era un monstruo, pero a la vez una mujer muy atractiva y deseada.

Para nosotras, Medusa es una superviviente que reivindicar: no la consideramos un monstruo, sino el producto de una sociedad injusta.

Medusa es ya símbolo de resistencia feminista: recuerda que, a veces, las miradas más duras son las que no entienden el dolor ajeno. Es para reflexionar: ¿quién fue el monstruo en esta historia?

Medusa está por todas partes. En el cine, su representación más icónica es probablemente la de *Furia de Titanes*, aunque le sigue de cerca la de Uma Thurman que ya comentamos. En animación, Pixar también homenajea el mito con el personaje de Celia Mae en *Monstruos, S.A.*, una chica con serpientes por pelo.

Los videojuegos tampoco se quedan atrás: Sagas famosas como *God of War*, *Dota 2* o *Assassin's Creed Odyssey* la incluyen como enemiga y a la vez como personaje jugable, explorando versiones más humanas o trágicas. Además, en el videojuego *Hades* encontramos a Dusa, una cabeza flotante que, con humor y con encanto, ha conquistado al público.

Y no solo en la pantalla: el icono de **Versace utiliza la cabeza de Medusa como emblema de poder y belleza** peligrosa; la marca juega con su ambigüedad y fuerza, subvirtiendo la imagen antigua del monstruo.

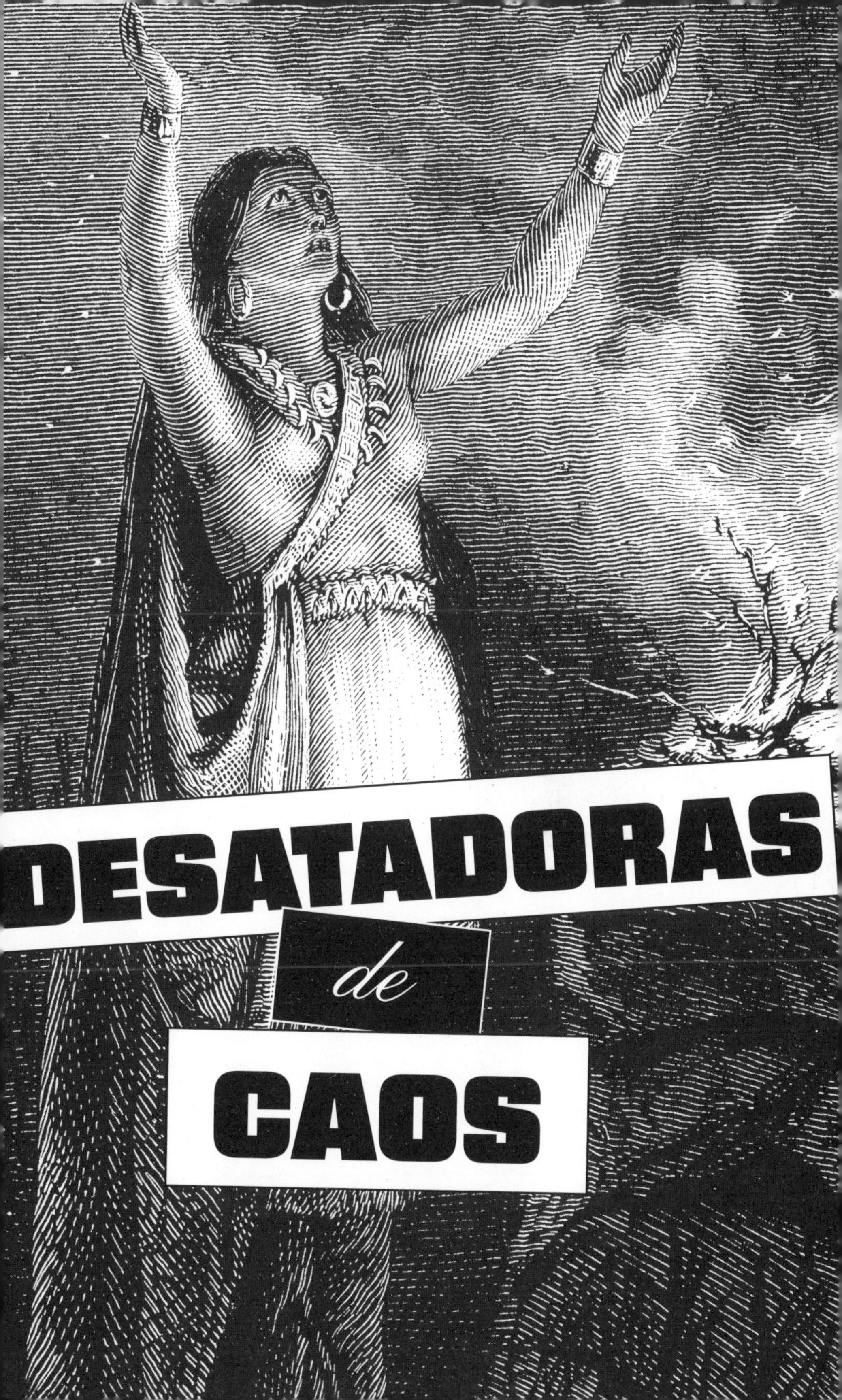
DESATADORAS
de
CAOS

Aedón: mujer lidia que venció en la apuesta con Politecno.

Afrodita: diosa del amor y la belleza.

Aquiles: héroe semidivino de Troya.

Ares: dios griego de la guerra, fiel acompañante de Eris.

Atenea: diosa de la sabiduría y la guerra justa.

Eris: diosa de la discordia, liante de la mitología griega.

Helena: reina de Esparta y causa del conflicto.

Hera: diosa del matrimonio y esposa de Zeus.

Heracles: héroe famoso por sus doce trabajos.

Hermes: mensajero veloz de los dioses.

Nix: diosa primordial de la noche, madre de Eris.

Pandáreo: padre de Aedón y Quelidón.

Paris: príncipe troyano cuyo juicio desató la guerra.

Peleo: rey y padre de Aquiles.

Politecno: artesano lidio que desató la venganza familiar.

Quelidón: hermana de Aedón, víctima del engaño de Politecno.

Temis: titánide del orden y la justicia.

Tetis: nereida y madre de Aquiles.

Zeus: rey de los dioses.

Si esta diosa no hubiese existido, tampoco lo habría hecho uno de los mayores conflictos de la mitología griega. Eris es la diosa o la personificación del conflicto, la rivalidad y la discordia (que, de hecho, es como la conocían los romanos).

Es amiga de Ares, el dios de la guerra, aunque según la versión **podría ser también su hermana.** Juntos se deleitan en el caos de la guerra, pero Eris lo hace todavía más: cuando todos los dioses se han retirado del campo de batalla, ella sigue ahí, regocijándose en el dolor de los hombres y haciéndolo aún más fuerte.

Según nos cuenta Hesíodo, Eris era hija de Nix, la noche y la madre de muchas de las alegorías que representan los dramas que sufre la humanidad: el olvido, la hambruna, la pena y el dolor, los combates y las batallas, los asesinatos, las mentiras, y un largo etcétera. Las discusiones familiares debían ser todo un espectáculo, aunque gracias a Esquilo sabemos que Eris siempre tenía la última palabra.

Un día normal en la agenda de Eris: cargarse parejas

Pero Eris no solo la liaba en los campos de batalla. **También provocaba conflictos matrimoniales.** Una vez, Politecno y Aedón, una pareja de la antigua ciudad de Colofón, en Lidia (en la península de Anatolia, actual Turquía), se jactaron de quererse más que Hera y Zeus, lo cual enfureció a Hera. Como castigo, ella envió a Eris para sembrar el conflicto entre los tortolitos, que se enfrascaron en una competición: él fabricaría una tabla para un carro y ella tejería un tapiz, y quien terminase más tarde **tendría que regalarle al otro una esclava.**

Aedón ganó, con la ayuda de Hera. Esto enfureció a Politecno, que raptó a la hermana de su mujer, Quelidón, la violó, le hizo un cambio de imagen y la presentó como esclava ante su esposa. Al descubrir la verdad, Aedón y Quelidón hicieron pedacitos al hijo de Politecno y Aedón, y lo cocinaron. Luego, Aedón mandó a un vecino con el recado: **«Dile a Politecno que ya tiene la comida lista».** El tipo se la comió sin saber nada, y mientras tanto, Aedón y Quelidón se fueron directas a casa de su padre, Pandáreo, a contarle todo el drama.

En el momento en que Politecno se enteró de lo que había comido, **se volvió loco** y salió a perseguirlas hasta la casa del suegro. Pero los sirvientes lo atraparon, lo ataron con unas cuerdas imposibles de romper, lo untaron con miel y lo dejaron tirado en el establo. Y ahí estaba el tipo, cubierto de miel, lleno de moscas y sufriendo lo insufrible. Pero Aedón, a la que todavía le quedaba un poco de corazón, se apiadó y se puso a espantar las moscas. **Porque sí, el amor es contradictorio.**

Al final, Zeus terminó sintiendo compasión por esa desgraciada familia y **los transformó a todos en pájaros**: Pandáreo se convirtió en pigargo; Politecno, en picamaderos; Quelidón, en golondrina, y Aedón, en ruiseñor. Si te preguntas el porqué de este final, lo cierto es que los griegos tenían muchísimas historias para explicar el origen de animales, plantas, fenómenos naturales... y esta es una de ellas.

La no-invitada de honor

Si hay un mito por el que Eris es famosa es por su venganza al no ser invitada a la boda de Peleo y Tetis, los padres de Aquiles. Digamos que, por su naturaleza desagradable y su tendencia a armar follón, Eris fue la única diosa que no recibió la invitación, pero ella se presentó de todas formas en el banquete.

Cuando le negaron la entrada, Eris lanzó una manzana dorada (como ya te había dicho antes, es un tema recurrente, el de las manzanas...) **con la inscripción *te kalliste*, 'para la más bella'**. Tres diosas se dieron por aludidas y la reclamaron: Hera, Atenea y Afrodita. Zeus, para no tener que escoger y meterse en follones, mandó a Hermes llevarlas ante un pastor del monte Ida, que resultó ser el príncipe de Troya, Paris, para que decidiera por él.

Cada diosa le prometió una recompensa en caso de ser la escogida: Hera, hacerlo rey de todos los hombres; Atenea, victoria en todas las guerras; y Afrodita, la mujer más bella (después de ella, claro): Helena de Esparta. Ya sabes lo que escogió Paris: a Helena, y su elección provocó la guerra de Troya.

Siempre señalamos a Eris como la culpable de la guerra de Troya por soltar la manzana (y ale, ¡a pelear!). **Pero, como siempre, hay más**: primero está Zeus, que, según la Cipria, un poema perdido de entre los siglos VII y VI a.C., urdió todo este lío junto a la titánide Temis para quitarse mortales de encima y mantener el equilibrio divino; luego Afrodita, que prometió a Helena como un premio top, vendiendo a una mujer y su destino como si ella no pudiese escoger por sí misma; y, por último, Paris que, con la soberbia de quien cree que puede llevarse a una reina como *souvenir*, aceptó el regalito sin pensar en las consecuencias.

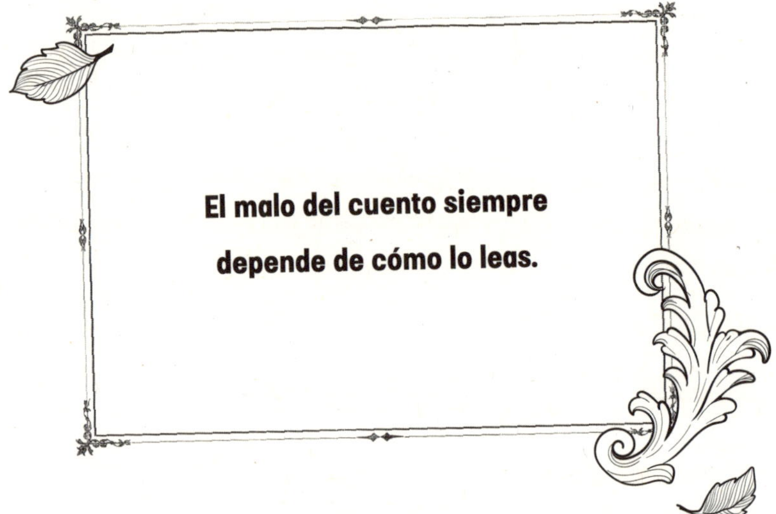

La moraleja de las manzanas

Eris también nos deja lecciones de vida que nunca pasan de moda. En una de las fábulas de Esopo, Heracles iba caminando por un camino superestrecho y **se topó con algo parecido a una manzana** en el suelo. Como buen héroe, solo se le ocurrió golpearlo con su maza para aplastarlo, pero, en lugar de hacerse más pequeño, el objeto duplicó su tamaño. Heracles volvió a golpearlo, pero entonces se hizo tan enorme que le bloqueó el paso por completo. El héroe de los doce trabajos se quedó allí, confundido e intentando entender qué demonios había pasado, pero entonces Atenea, que lo vio, le dijo: «No te sorprendas tanto. Esa cosa es Aporía, la dificultad, y Eris, el conflicto. Si la dejas en paz, seguirá siendo pequeña, pero si decides enfrentarte a ella, se hará más grande».

La moraleja es bien clara: **a veces la mejor estrategia ante los conflictos (o las «manzanas» que te encuentras en el camino) es no darles más vueltas**. Si te obsesionas con aplastar hasta el más mínimo roce, le estás dando vida y convirtiéndolo en un problema gigante; en cambio, si lo dejas pasar y no te enredas, se queda chiquitito y no te impide avanzar. En otras palabras: no alimentes la discordia con tu reacción, porque, cuanto más la combates sin necesidad, más crece.

Eris, o la discordia, tal como lo explica Hesíodo en *Trabajos y días*, es como una moneda: tiene dos caras. Una es odiosa, pero la otra te puede gustar si la entiendes. **La Eris mala es la que te corrompe:** la que siembra envidia, rabia y ganas de romperle la cara al de al lado; esa es la chispa que prende guerras, saqueos y desastres. **La buena es la que te espabila a madrugar, arar tu tierra y ganarte el pan, esa rivalidad sana que te hace esprintar hacia tus metas y, al final, acaba beneficiando a todos.** O sea, la discordia buena hace que te pongas las pilas, pero la discordia mala te convierte en un desastre andante.

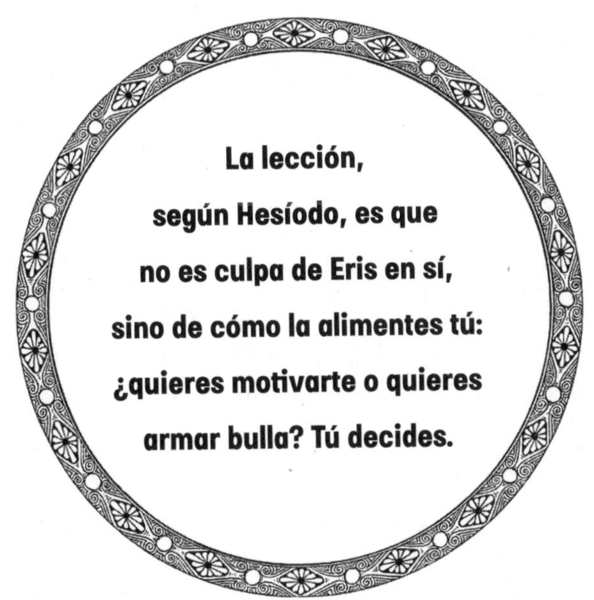

Eris ha servido como clara influencia en algunas de las villanas **Disney**. ¿La más clara? **Maléfica en *La Bella Durmiente***. Cuando esta descubre que no está invitada al bautizo de la princesa Aurora, su reacción es un calco moderno de la ofensa que sintió Eris al no recibir invitación para la boda de Peleo y Tetis. Ambas, desde su despecho, lanzan maldiciones: Eris con la manzana dorada que prendería la chispa de la guerra de Troya, y Maléfica con su hechizo sobre Aurora. En los dos casos, la ofensa al orgullo se transforma en venganza y acaba trayendo consigo un caos que nadie esperaba.

Igualmente, **DreamWorks** se inspiró en la diosa griega para crear a la villana de ***Simbad: la Leyenda de los Siete Mares,*** llamada también Eris. Es perversa, cruel y manipuladora, y le encanta hacer el mal y divertirse con los humanos. Como su inspiración divina, vaya.

Durga: diosa guerrera que, hartita de monstruos, engendró a Kali desde su frente para rematar la faena.

Kali: diosa hindú negro-azulada que encarna la destrucción creativa.

Mahadevi: la Gran Diosa, símbolo de la máxima energía femenina divina en varias tradiciones hindúes.

Parvati: una de las diosas principales del hinduismo; diosa del poder, la energía, la armonía, la belleza, el amor, la devoción y la maternidad.

Raktabija: demonio que se multiplicaba por gotas de sangre, al que Kali puso fin bebiendo cada gota.

Shiva: uno de los tres dioses principales del hinduismo, conocido como «el Destructor».

*romete,
¿verdad?*

Acompáñame ahora hasta las tierras de la India para que podamos conocer a la **diosa hindú del tiempo, de la muerte y también del fin del mundo**.

La diosa Kali es una de las divinidades más poderosas que forman parte del panteón hindú, y sus ganas de sangre y de destrucción son algo que podemos percibir fácilmente en todas sus representaciones, las cuales vamos a tener que desentrañar para poder entender su figura.

Y es que cada elemento de su iconografía tiene su significado. Por ejemplo, su piel azul-negra simboliza el universo infinito del que todo surge y donde todo vuelve. Sus varios brazos (normalmente cuatro u ocho, a veces hasta diez) sostienen una espada que destruye la ignorancia, una cabeza cercenada que aniquila el ego, un tridente (*trisula*) que simboliza el equilibrio entre la creación, la preservación y la destrucción, así como la trascendencia del ego y los apegos materiales, y una calavera donde atrapa la sangre derramada. **El collar de cráneos** (a veces cincuenta) **y la falda de brazos recuerdan que todo es cíclico y efímero**: cada victoria sobre el ego trae liberación.

Su imaginario le otorga características violentas y sexuales, y nada más lejos de la realidad. Pero tampoco hay que reducirla solo a eso: si te fijas bien, verás que con una de sus manos derechas está haciendo el *abhayamudra*, un símbolo que indica tranquilidad, seguridad, ausencia de miedo, y que trae protección y bendición divina. En efecto, sus devotos creen que Kali **protege con amor fiero y destruye las ilusiones que nos atan para liberarnos.**

De matanza a danza, así es Kali

Su historia más famosa aparece en *El Devi-Mahatmya* o ***El canto de la Diosa Suprema*** (alrededor del siglo vi d.C.). Este texto cuenta la magnanimidad y majestuosidad de Devi, la Diosa Suprema, que constituye la realidad transcendental del cosmos, formada por el principio femenino.

En uno de los episodios, se narra cómo el demonio Raktabija aterrorizaba a toda la población. Los dioses intentaban detenerlo, pero, cada vez que le hacían derramar una gota de sangre, de esta aparecía otro demonio. Después de darle unas cuantas vueltas al coco, se les ocurrió una idea: **unirse para crear un ser tan poderoso que pudiese acabar con Raktabija.**

Quiero que te imagines a Kali apareciendo en el campo de batalla de esta guisa: con la lengua fuera como el guitarrista de Kiss, siendo la rabia en persona y empuñando las armas más potentes de los dioses. Si yo fuese Raktabija, saldría por patas.

Cada vez que Kali derrotaba un demonio, se bebía hasta la última gota de sangre para evitar que apareciese otro, hasta que por fin **se enfrentó a Raktabija, le cortó la cabeza, se bebió su sangre, y se acabó el problema...** más o menos.

Tras la lucha, Kali estaba tan emocionada con la matanza que se volvió incontrolable. Empezó a dar cabezazos a demonios inocentes y a bailar frenéticamente. Los dioses se asustaron, pero solo Shiva, su marido, logró detenerla. ¿Cómo? Se echó al suelo, se hizo el muerto y, al verlo bajo sus pies, Kali finalmente reaccionó. En otras versiones, Shiva la retó a bailar el *tāndava* salvaje con él, o hasta se disfrazó de bebé llorón para tocar su lado maternal. En cualquier caso, Kali acaba calmándose.

Esa imagen de Kali bailando sobre Shiva es otra representación muy común de la diosa, y **se ha interpretado de varias maneras**, entre ellas, como un mensaje de que nuestra mente no podrá controlar nunca el mundo natural ni los instintos salvajes del ser humano.

El **tāṇḍava** es una danza asociada al dios Shiva y que, según la mitología, es la fuente del ciclo de creación, preservación y disolución del universo, así como una alegoría de las cinco manifestaciones principales de la energía eterna: *srishti*, creación, evolución; *sthiti*: preservación, apoyo; *samhara*: destrucción, evolución; *tirodhana*: ilusión, y *anugraha*: liberación, emancipación, gracia.

Shiva suele aparecer realizando dos tipos de tāṇḍava: en la Ananda *tāṇḍava*, adquiere el papel de «Nataraja», literalmente 'rey de la danza', disfrutando de **su creación del universo**. En cambio, en la *Rudra tāṇḍava*, Shiva representa su naturaleza violenta **como destructor**.

Sin embargo, **esa no es la única versión del origen de esta diosa**. Y es que hay versiones en las que Kali, más que una diosa como tal, es una extensión de las diosas Durga o Parvati, y representaría el aspecto feroz que emerge como manifestación de su ira y rabia. **Pero también se la considera una diosa en su propio derecho**, incluso podría ser la verdadera forma de Mahadevi, es decir, la Gran Diosa y **manifestación suprema de la energía femenina divina**.

Adorada y demonizada a partes iguales

Existen varias Kalis en la India, pero la más familiar y reconocible por su iconografía es la Kali Ma bengalí. Hace dos siglos, su culto histórico en el templo de Kalighat chocó e incomodó tanto a los colonialistas y misioneros ingleses que su imagen atravesó fronteras y se hizo hueco en la cultura popular al aparecer en películas como ***Indiana Jones y el templo maldito***.

Parte de la población de la India dio el visto bueno a la demonización de la diosa Kali por parte de los ingleses, precisamente porque reflejaba las críticas y las preocupaciones de muchos de ellos para con la diosa y con su culto, así como su relación con los Thugs, una secta de la India que se dedicaba al robo y al asesinato de viajeros en honor a Kali, utilizando el estrangulamiento como método ritual.

Pero el giro irónico se dio cuando **Kali acabó convirtiéndose en el símbolo de la independencia bengalí.** Todos los que intentaron pintarla como un monstruo terminaron inspirando música y revueltas patrióticas. Por ejemplo, en España, en la década de los ochenta, el grupo pop Alaska y Dinarama sacó una canción titulada *Kali,* atribuida a una tradición bengalí. Además, muchos nacionalistas indios la reivindicaron. Así, la feroz diosa Kali pasó a representar la justicia violenta contra el opresor extranjero. Precisamente, por este motivo, hay que romper con la herencia colonial que pintó a Kali como un motivo de peso sobre por qué hay que «ejercer control» sobre las mujeres.

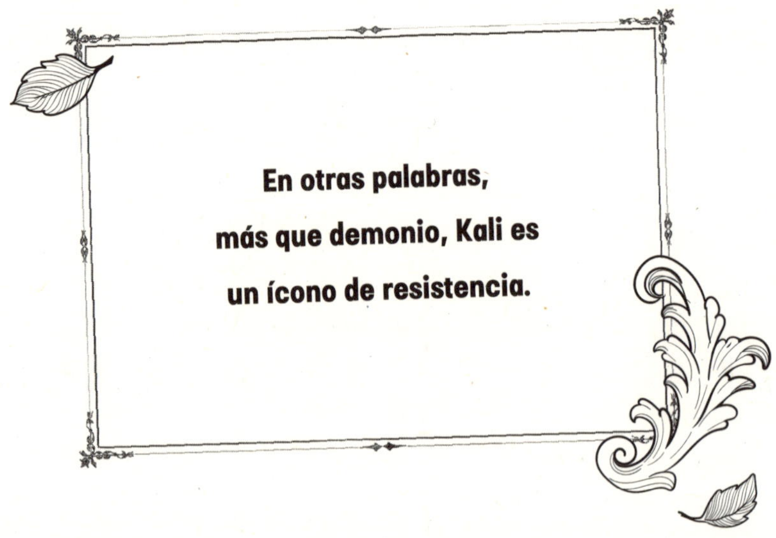

Kali es un caos estético y mitológico. Sabemos que luce violenta y sexual, pero en su esencia lucha contra el mal y libera de cadenas internas. **Kali nos recuerda que la ira también puede ser creadora y sanadora, y nos enseña a abrazar el poder femenino sin vergüenza.** Pero no nos confundamos: **Kali no rompe las reglas, ella es quien las crea**, y considerarla una rebelde que se sale del molde creado por los hombres es infravalorarla y menospreciar su potencial como creadora del universo.

En la cultura popular...

Kali también encarna su papel en la cultura pop de forma bastante llamativa (y a veces cuestionable): en la película de los Beatles *Help!* (1965), una secta de adoradores de la diosa Kali los persigue alrededor de Inglaterra para recuperar un anillo que tiene el baterista Ringo Starr. Pero esta no deja de ser una visión simplista y colonialista del culto a Kali que alimentó estereotipos sobre la India.

Pele

Haumea: madre de Pele, diosa patrona de la isla de Hawái.

Hi'iaka: diosa hawaiana patrona del hula, del canto, de la brujería y de la medicina; también hermana del dios Pele.

Kāne Milohai: padre de Pele que la expulsó de casa por ambiciosa.

Lohi'au: jefe cantarín y amante de Pele.

Nāmaka: diosa hawaiana del mar; hermana mayor del dios Pele.

Pele: diosa hawaiana de los volcanes y el fuego, y creadora de las islas hawaianas.

Sin lugar a duda, en ninguna otra parte del mundo **los volcanes están tan presentes en la mitología** como lo están en la de Hawái. Y si algo está claro en esta mitología, es que la diosa Pele, hija de Haumea, la diosa patrona de Hawái, y Kāne Milohai, está casi siempre en el centro de todas sus historias.

De Tahití al Kilauea: la ruta migratoria de una diosa en llamas

A los dioses de la mitología polinesia les gustaba un buen viaje, y Pele no es ninguna excepción. De hecho, también recibe el nombre de *Akua malihini* (diosa forastera) porque su origen está lejos de Hawái, en un lugar llamado Kahiki que podría ser Tahití. **Hay muchos mitos que cuentan la migración de Pele**: para algunos, simplemente era demasiado ambiciosa, y su padre, Kāne Milohai, la expulsó. Según otros, antes de ser una diosa como tal, se lio con su cuñado y su hermana Nāmaka se cabreó tanto que Pele se vio obligada a huir.

Primero llegó a Niihau, luego a Kauai, donde Nāmaka la atacó y la dejó tirada dándola por muerta. Pele se recuperó y viajó a Oahu, y allí creó el famoso cráter Lēʻahi, también conocido como Diamond Head. En Maui hizo surgir el volcán Haleakala, y Nāmaka la siguió allí también. Se enfrentaron en una pelea de hermanas sin igual: Nāmaka la desgarró por completo y, en esa destrucción, **Pele se convirtió en diosa de pleno derecho.**

Espera, espera: ¿se convirtió en diosa después de morir? A ver, sí y no. Lo que pasa es que, tras esa destrucción física o muerte aparente, su existencia cambia: ya no tiene una forma corporal vulnerable, sino que su ser se vuelve algo más espiritual, más ligado a los fenómenos naturales que representa: volcanes, fuego, lava. Espero habértelo aclarado un poco y, si no, recuerda: es mitología.

Después huyó a Hawái, donde creó el volcán Kilauea, el más joven y activo de la isla y uno de los más activos del mundo actualmente. **Este viaje de Pele explica el origen de las islas, ya que el orden en el que viajó de una a otra es el mismo en el que se formaron las islas por actividad volcánica.**

El chisme ardiente de Pele y su hermana favorita

Al asentarse en el Kilauea, Pele **se echó una siestecita de nada**, apenas nueve días durante los cuales salió de su propio cuerpo para viajar a otras islas en forma de espíritu.

Mientras viajaba, escuchó una música preciosa que la llevó hasta la isla de Kauai y al cantante, el jefe Lohi'au. Ya fuese efecto de la música o porque fue un flechazo a primera vista, Pele y Lohi'au tuvieron un romance apasionado..., **pero siempre hay un pero**. La otra hermana de Pele, Hi'iaka, había estado vigilando su cuerpo y, preocupada por si le había pasado algo, al noveno día la despertó.

Te voy a dejar con las ganas de saber cómo acaba este chisme un momentito para darte un poco de contexto sobre la relación entre Pele y Hi'iaka. Esta era la hermana favorita de Pele y la más querida. De hecho, una de las historias sobre el viaje de Pele cuenta que llevó a Hi'iaka en forma de huevo con ella y lo incubaba bajo su brazo. Al nacer Hi'iaka, se convirtieron en mejores amigas y confidentes.

Vale, ahora sí, volvamos al lío: Hi'iaka supo, nada más despertarse Pele, que la había liado. Pele estaba irascible, insoportable y enfadada por no estar con Loh'iau, así que pidió a Hi'iaka que fuese a buscarlo y se lo llevase. También le advirtió: «No te enamores de él, que es mío». Y así pactaron una *pinky promise*.

Promesa que, te puedes imaginar, Hi'iaka se pasó por el forro.
Encontró a Loh'iau muerto, pero lo resucitó y volvieron con Pele, quien, al notar tensión en el ambiente, mató a Loh'iau con un torrente de lava. No supuso mucho problema porque su hermana lo volvió a resucitar.

Después de esa resurrección, Loh'iau pudo escoger su destino: en algunas de las versiones se queda con Hi'iaka; mientras que en otras decide quedarse con ambas hermanas en una relación poliamorosa.

El **hula** es una danza tradicional hawaiana acompañada de cánticos (*oli*) o canciones (*mele*). La temática de las canciones es tan variada como la propia experiencia humana: pueden ser **sobre personas, lugares o acontecimientos relevantes**, o simplemente servir para expresar **ideas o emociones**. Este tema se representa con el baile, que tiene movimientos específicos para mostrar los diferentes conceptos. Por ejemplo, los movimientos de las manos pueden representar aspectos de la naturaleza, como el vaivén de un árbol o la brisa de una ola en el océano.

Pele siempre tuvo relación con el hula, ya que, según la leyenda, **su hermana Hi'iaka fue la primera en bailarlo**. Pero aquí la mitología es confusa (nada nuevo bajo el sol), ya que también hay otra hermana de Pele, llamada Laka o Kapo, que se lleva el reconocimiento por bailar el primer hula. Laka era la diosa de la sanación y la fertilidad, pero también representaba la inspiración de quienes bailan y esa fuerza invisible que causa el movimiento.

Sin embargo, como la mayoría de las divinidades tradicionales de Hawái, **el culto a Laka fue perdiendo fuerza**, sobre todo a partir de 1820, **cuando los misioneros europeos se propusieron cargarse toda la tradición** y, por ende, el hula. Por suerte, en 1874 ascendió al trono de **Hawái Kalākaua**, el penúltimo rey, y con su reinado comenzó una reinvención de la tradición con el fin de consolidar la identidad nacional hawaiana y reforzar las aspiraciones políticas indígenas, que estaban siendo presionadas por los colonos blancos.

Hoy en día, muchos *halau* (escuelas de hula) viajan a la zona del volcán Kilauea para celebrar ritos y presentar ofrendas a Pele antes de actuaciones importantes, especialmente antes del concurso de hula Merrie Monarch, llamado así en honor a Kalākaua y celebrado anualmente en Hilo.

La llama que no se extinguió

Cuando los europeos llegaron a las islas hawaianas en 1778, Pele era la divinidad dominante en la zona volcánica de Hawái, donde su culto estaba más que bien desarrollado. **Sus admiradores más fieles vivían en los distritos de Hawái que solían sufrir más erupciones volcánicas, y Pele protegía a las familias más importantes de la zona.** En el resto de las islas era conocida solamente por leyendas y cantos y apenas se la veneraba, ya que no había tanta amenaza de erupciones volcánicas.

Poco tiempo después del descubrimiento de Hawái por parte de los europeos, llegaron los misioneros para convertir a la población nativa al cristianismo, como ya hemos visto con otras culturas. Sus campañas tuvieron bastante éxito y en muy poco tiempo la mayor parte de la realeza hawaiana se había convertido al cristianismo, lo que provocó, por supuesto, el abandono de las antiguas deidades.

Las familias principales renegaron públicamente de los dioses tradicionales y, no contentos con eso, también destruyeron sus templos e imágenes. Durante el siguiente siglo, el culto a los antiguos dioses cayó en picado, para finalmente ser recordados solo a través de leyendas, excepto por unos pocos incondicionales que se negaron a abandonar las viejas costumbres.

Una de esas excepciones fue Pele. Aunque su existencia fue negada repetidamente por misioneros y líderes hawaianos (como la reina Kapiolani, que visitó personalmente el cráter del Kilauea en 1824 para desafiar el poder de Pele), sobrevivió a la cristianización de Hawái y **sigue siendo una figura importante en la concepción del Hawái contemporáneo.**

En la segunda mitad del siglo xx, Pele fue convocada como figura de resistencia frente a los proyectos geotérmicos que pretendían explotar el subsuelo volcánico de Hawái. Durante la década de los ochenta, por ejemplo, diversas comunidades locales protestaron contra la instalación de una planta geotérmica cerca del Kīlauea, alegando que esta intervención no solo era peligrosa, sino una profanación del espacio sagrado. **Invocar a Pele en ese contexto fue un gesto profundamente político**: una forma de rechazar la explotación colonial de la tierra y afirmar una relación ancestral, viva y femenina con el territorio.

Sin embargo, como ocurre con otras figuras femeninas poderosas, **Pele también ha sido absorbida por el imaginario turístico.** Su imagen aparece en guías, postales, recuerdos y campañas publicitarias como un emblema exótico de Hawái. Aunque esto podría interpretarse como una forma de visibilidad, lo que en realidad ocurre es una neutralización de su poder simbólico: se la convierte en espectáculo, en folclore decorativo, despojándola de su fuerza disruptiva y crítica.

Aun así, Pele resiste por igual desde lo cotidiano y lo invisible. **Son muchas las historias que relatan encuentros con Pele en formas inesperadas**: una anciana autostopista que desaparece, una mujer vestida de blanco que avisa de una erupción, una perrita blanca que guía a los viajeros. Estas manifestaciones ocurren justo antes o durante erupciones volcánicas, y son interpretadas como advertencias, bendiciones o señales protectoras.

Aquí, Pele es una figura de cuidado, una madre volcánica que se comunica con quienes saben escucharla. En este plano, Pele se convierte en una aliada espiritual que guía, protege y advierte, manteniendo una relación horizontal y viva con la comunidad.

En muchos de estos relatos modernos, quienes se burlan o se muestran irrespetuosos con Pele (por ejemplo, turistas que roban rocas del cráter o gente que se ríe de sus supuestas apariciones) sufren consecuencias: accidentes, malestar, vergüenza pública o incluso castigos simbólicos. **Esto convierte a Pele en una figura moral que enseña a través de la experiencia y el castigo**, como si dijera «quita, bicho», «la manita *relajá'*».

Una mujer con autoridad, que impone límites, que exige respeto, que castiga la arrogancia, que encarna un tipo de poder que durante siglos se ha querido silenciar o demonizar.

En la cultura popular...

Pele no solo vive en los mitos tradicionales, sino que ha saltado a la cultura popular contemporánea de formas muy distintas. En Hawái perdura el respeto a su legado: millones de visitantes conocen **la leyenda de la maldición de Pele**, que advierte sobre la mala suerte de llevarse piedras del cráter de Kīlauea o, básicamente, llevarse cualquier cosa de Hawái.

En el mundo del entretenimiento, Pele aparece como villana en el cómic de **Wonder Woman**, aunque quizá su representación más reciente sea en **Vaiana** (2016). Aunque Pele no aparece tal cual, la villana Te Kā, una fuerza ígnea destructiva, nos recuerda un montón al papel de Pele frente a Nāmaka en las historias del origen del archipiélago y su presencia simbólica subyace en la representación del fuego como poder femenino y salvaje que no puede ser domado.

Sejmet

Anubis: dios guardián de las tumbas y patrón de los embalsamadores.

Bastet: diosa gata de la protección y el amor... hasta que saca las uñas.

Hathor: una de las principales diosas egipcias, representaba la música, la danza, la alegría, el amor, la sexualidad y el cuidado materno.

Nun: océano primordial del que surgió todo y consejero de confianza.

Ra: el padre de todos; dios del Sol y jefe supremo.

Sejmet: la leona con estilo letal, diosa egipcia de la guerra.

Regresamos ahora a las tierras bañadas por las aguas del mar Mediterráneo para conocer a una de sus diosas más poderosas y más antiguas. Es la diosa de la guerra, del caos y de la venganza, pero también es la diosa de la curación. Ella es **la poderosa Sejmet**.

Como puedes imaginar, una diosa con tantísimo poderío debía de tener un *lookazo*: era una mujer **con cabeza de león**, la cual estaba rodeada por un disco solar y también por **un ureo**, símbolos que la unían a su padre Ra, el dios del Sol y del origen de la vida en el Antiguo Egipto. Llevaba un anj, el jeroglífico que significa 'vida', y también un cetro de papiro, y su vestido no podía ser de otro color que no fuese el rojo.

El ojo que abrasó al mundo

Volveremos al resto de elementos más tarde, pero ahora nos vamos a centrar en el significado del disco solar y del ureo, y en su relación con el dios Ra. Aunque la mitología aquí es un poco liosa y, por supuesto, existen varias versiones sobre el origen de Sejmet, una cosa está muy clara: **era hija de Ra. A veces se la considera el ojo de Ra**, un ente mitológico que simboliza la parte más violenta y más fiera del dios; **otras veces se dice que podría ser el ureo de Ra**, forma en la cual protegía la cabeza del dios y lanzaba llamas contra sus enemigos.

El mito que mejor ilustra esta imagen de Sejmet es el de la destrucción de la humanidad, que aparece al principio del **_Libro de la Vaca Celeste_**, un texto funerario del Reino Nuevo (1539-1292 a.C.). Según lo que cuenta este texto, hubo un tiempo en el que los dioses y los humanos vivían juntos, y Ra era el rey de todos. **Pero el dios iba envejeciendo** y los humanos se rebelaron para derrocarlo.

Los dioses se reunieron en un consejo de sabios y Nun, el padre del dios Ra y océano primordial, le aconsejó que dejase libre el poder de su ojo para recordar a la gente su autoridad. Aunque ya hemos visto antes que su ojo es Sejmet, lo cierto es que... no siempre, para sorpresa de nadie. Hay varias diosas que se disputan ese papel: Hathor, Sejmet, Bastet, Mut... En esta historia, Ra liberó a Hathor, pero esta se transformó en Sejmet para sacar su lado más devastador. Sé que ahora te estarás preguntando si Hathor y Sejmet eran la misma persona. Créeme, te entiendo perfectamente. **Piénsalo así: ¿sabes cuando Bruce Banner se cabrea y se convierte en Hulk? Pues era algo parecido.**

Sejmet atacó con tanta brutalidad que casi acaba destrozando la humanidad al completo, lo que hizo que al dios Ra le entrasen los remordimientos. Decidió que ya era suficiente y le rogó que parase, a lo que Sejmet le contestó: «Pero ¿no ves que cuando mato hombres mi corazón es feliz?», y se negó a perdonar la vida a sus víctimas.

A pesar de ser un dios, sí.

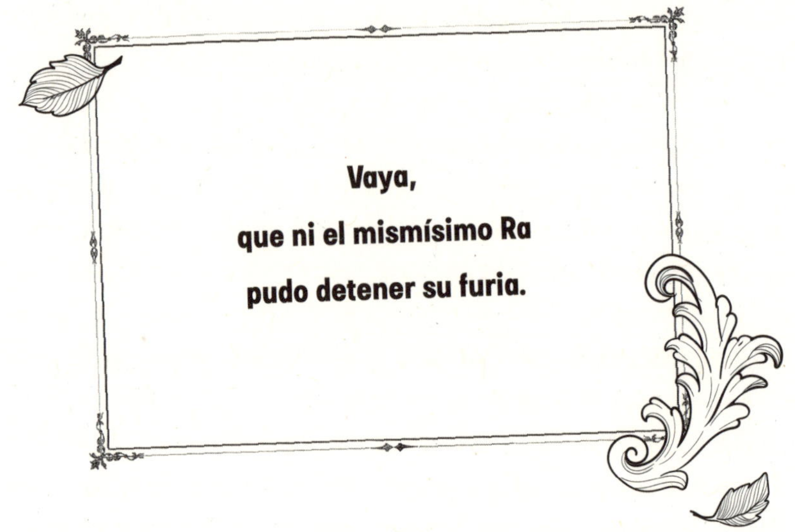

Hasta que se le ocurrió una idea: esparcir por la tierra siete mil jarras de una «poción mágica» (era, básicamente, cerveza y zumo de granada). **Sejmet pensó que era sangre derramada y se la bebió, y se pilló una cogorza increíble.** De hecho, en el Egipto grecorromano se celebraba una fiesta en la que se bailaba y se bebía una cantidad ingente de alcohol en honor a Sejmet para conmemorar la no destrucción de la humanidad y complacer a la diosa (aunque no sé yo si recordarle que no consiguió su cometido por emborracharse es una buena forma de complacerla).

Un look de alfombra roja

Hablemos ahora del *outfit* de Sejmet. Ese vestidazo estaba originalmente pintado en las esculturas y, aunque esa pintura se ha perdido, gracias a algunos pigmentos preservados sabemos que su vestido era rojo. Además de ser un color ligado a su hogar, el Bajo Egipto (en la zona norte, desde el Mediterráneo hasta el sur de El Cairo), cuyo símbolo era la corona roja, pintar el vestido de rojo también era una forma de dar a entender que **su ropa estaba manchada de la sangre de sus enemigos.**

Pero, sin duda, una de las características de Sejmet que más acostumbra a llamar la atención es su cabeza de león, aunque son muchas las divinidades egipcias que tienen cabeza de animal: a Anubis, por ejemplo, se le representa con la cabeza de un chacal, Horus y Ra tienen la cabeza de un halcón o Bastet, la cabeza de un gato, entre otros. Esas cabezas solían ser una representación simbólica que reflejaba atributos y características asociadas tanto al animal como al dios.

En el caso de Sejmet, la cabeza de león nos dice que es una diosa peligrosa y también destructiva (cosa que ya hemos visto en el mito anterior), algo que los egipcios aprendieron al observar a las leonas de la zona, que aparte de ganado también cazaban a las personas (de hecho, existían libros sagrados sobre cómo ahuyentar leones).

Tanto Sejmet como las leonas simbolizan el poder protector del peligro, y es que la diosa también estaba relacionada con la protección y la renovación. Esto lo vemos reflejado en el anj que lleva consigo y también en el cetro de papiro, además de en las imágenes que se conservan de ella dándole el pecho a algún rey o un dios.

Pero su poder de curación era un poco... **engañoso**. Sejmet tenía el poder de liberar a los demonios que provocaban las enfermedades, así como también podía tener el poder de detenerlos. Es decir, sí, podía acabar con las enfermedades, pero también era ella quien las causaba.

Para protegerse de estos demonios, se creía que lo que había que hacer era nombrarlos a todos para conseguir ganarse su favor. También se realizaban súplicas e invocaciones en los templos de Sejmet y se llevaban amuletos con la forma de la diosa para protegerse.

Algunos dioses no solo eran representados con cabeza de animal, sino que directamente adoptaban esa forma: **Hathor como vaca**; **Bastet con cuerpo de gata**; **Sobek**, que encarnaba el poder de los faraones, **con forma de cocodrilo**; y **Tot con cabeza de ibis**. Su relación con estos animales otorgaba a los dioses una identidad muy definida y particular.

Además, los sacerdotes de estos dioses **criaban a los respectivos animales en los mismos templos**, y después los sacrificaban y los momificaban en honor al dios. Por ejemplo, un devoto podía pagar por momificar a un gato en el templo de Bastet para que así ella lo tratase bien en el más allá. Se han encontrado muchos restos de animales momificados, como gatos o cocodrilos.

El papel de Sejmet influyó en la cultura egipcia y en el rol de las mujeres: siguiendo los pasos de la diosa, las mujeres podían ser guerreras condecoradas y formar parte de campañas militares, como es el caso de la reina Ahhotep, elogiada en una estela por tener el ejército bajo control y detener rebeliones, y quien recibió condecoraciones militares, o Ahhotep II, enterrada con una daga y un hacha, así como con tres moscas de oro utilizadas en Egipto como galardones militares.

Además, también podían ser doctoras, como Peseshet, que vivió durante la época de la Dinastía IV (segundo milenio a.C.), y a menudo se considera **la primera mujer médica conocida del Antiguo Egipto y de la historia**. Peseshet tenía el título, según el modelo de la administración real, de supervisora (o superintendente) de las mujeres médicas.

Sejmet nos desafía a repensar el arquetipo de «lo femenino» despojado de la necesidad de encajar en moldes agradables. Su furia no es un error ni un exceso, sino un componente legítimo de su ser. Dejar de estigmatizar la ira o la sensibilidad es recuperar la autoría de nuestras emociones: no hay una «buena» o «mala» feminidad, sino una pluralidad de estrategias para existir en un mundo que nos ha enseñado a silenciarnos.

Honrar a Sejmet hoy

es abrazar ese diálogo interno

entre la fuerza que rompe

y la que repara, y usarlo

como brújula para construir

espacios donde cada mujer

pueda desplegar todas

sus facetas sin pedir permiso.

DIOSAS del CICLO VITAL

Hine-nui-te-pō

Hine-nui-te-pō: diosa maorí de la noche y de la muerte; guardiana del inframundo.

Hine-tītama: diosa del alba y primer nombre de Hine-nui-te-pō.

Hineahuone: primera mujer de la mitología maorí; madre de Hine-tītama.

Maui: héroe maorí y semidiós, famoso por su astucia y sus travesuras.

Tāne: dios de los bosques y de las aves.

Whiro-te-tipua: dios de la oscuridad, maligno y personificación del mal, de la muerte, de la enfermedad y de la decadencia.

Nos trasladamos a Oceanía para conocer a una diosa única: **Hine-nui-te-pō, la diosa de la noche y protectora de los muertos en la tradición maorí, la cultura indígena de Nueva Zelanda.**

Muchas veces se la representaba como una diosa gigante que espera en el horizonte para capturar las almas de los muertos. La primera descripción física aparece en un texto de Te Rangikāheke publicado en 1853, el *Ko Nga Moteatea me Nga Hakirara o Nga Maori*, es decir, *Los cantos y canciones tradicionales de los Maori*, según la cual Hine-nui-te-pō tiene ojos de roca verde, pelo largo ondulado de alga marina y una vagina rodeada de cuchillos de obsidiana que, sin duda, le era muy útil (ahora te lo cuento). De hecho, se decía que el color rojizo de la puesta de sol era el brillo de **su «terrible» vagina**. Adivina quién inventó esta historia.

Suspiro

Del amanecer a la noche

Vayamos al meollo del asunto. Hine-nui-te-pō no siempre fue una diosa tan malvada y tan terrorífica como la pintan, sino que en algunas tradiciones empieza siendo **Hine-titama, la bella y joven diosa del amanecer**. También cuidaba de las almas y las protegía de la amenaza de Whiro-te-tipua, la personificación del mal del panteón maorí.

Hine-titama era hija de Hineahuone, la primera mujer de la religión maorí, que fue creada por Tāne, el dios de la luz, con barro, **igual que Pandora**. Cuando era lo suficientemente mayor, Hine-titama se casó con Tāne. Te huele un poco raro, ¿no? Bueno, pues a Hine-titama no, y fue feliz como una perdiz y tuvo hijos con Tāne.

Como dice el refrán, la curiosidad mató al gato: Hine-titama un día se despertó con ganas de saber quién era su padre, a quien no conocía, y descubrió que su querido marido Tāne y su padre eran... **la misma persona.** Imagínate el trauma. Hine-titama estaba tan impactada que huyó al mundo de los muertos.

Tāne la siguió, rogándole que volviese y haciéndole un poco de chantaje emocional con los hijos. Pero Hine-titama se negó, diciendo que ya vería a sus hijos cuando estos muriesen y que, entonces, los acogería y cuidaría en el inframundo.

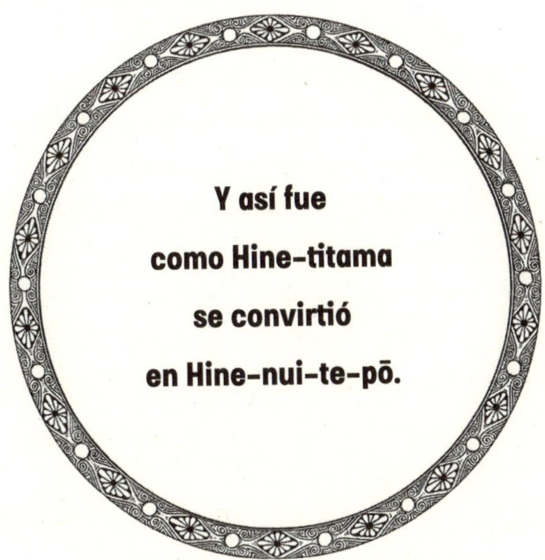

Aunque, al convertirse en una diosa del inframundo, **Hine-nui-te-pō es vista a veces como una diosa terrorífica** que arrastra a la gente hacia la muerte, lo cierto **es que también tiene un lado benevolente**. Whiro-te-tipua, dios de la noche y del mal, devora las almas de los nuevos muertos, y con cada una se hace más fuerte. Hine-nui-te-pō se dedica a evitar esto, y no es una tarea sin importancia, no. Es una misión crucial, porque, si Whiro-te-tipua devorase las suficientes almas, tendría la energía necesaria para salir del inframundo al mundo de los vivos, y allí devoraría todo lo que se moviese. Así pues, **Hine-nui-te-pō se encarga de evitar el apocalipsis**.

Cómo no acabar con la muerte: la (desastrosa) lección de Maui

Otro mito relevante de esta diosa involucra a un héroe polinesio que quizá te suene: **Maui, quien da nombre a una de las islas más famosas de Hawái.** Las historias del semidiós Maui varían entre las diferentes culturas de la Polinesia, pero todas suelen estar de acuerdo en algo: lo describen como un liante, ingenioso y, por lo general, bien intencionado. Aunque, a veces, tenía cada idea…

Como cuando se le ocurrió que lo más heroico que podía hacer era acabar con la muerte y conseguir que toda la humanidad fuese inmortal. **Todo lo que le hacía falta para lograrlo era entrar por la vagina de Hine-nui-te-pō, subir por su cuerpo y acabar saliendo por su boca, y así invertiría el sentido de la vida.**

Maui encontró a Hine-nui-te-pō echándose una siesta en el bosque y decidió que era su momento. Les pidió a los pájaros que no hiciesen ruido para no despertarla, pero, cuando Maui se disponía a entrar en el enorme cuerpo de la diosa, **un pequeño pajarillo *piwaiwaka*** no pudo aguantar la risa al contemplar lo ridículo de la situación. Sus carcajadas despertaron a Hine-nui-te-pō, que se dio cuenta de que la estaban violando e inmediatamente cerró la vagina y cortó a Maui por la mitad con sus dientes de obsidiana.

La *vagina dentata* o un invento más para demonizar a la mujer

La ***vagina dentata*** ('vagina dentada', en latín) es un concepto mitológico y simbólico según el cual la vagina contiene dientes, lo que implica que una relación sexual podría resultar en daño, emasculación o castración para el hombre. Estas leyendas se contaban con el objeto de prevenir sobre los riesgos de mantener relaciones sexuales con mujeres desconocidas.

Durante la **Edad Media**, el mito de la *vagina dentata* sirvió a la religión para controlar las **prácticas sexuales «antinaturales»**. A través de esta y de otras amenazas, se incentivaba la virtud de la castidad y se infundía miedo a los hombres para que no mantuviesen relaciones sexuales fuera del matrimonio.

Este mito está presente en varias culturas. En Norteamérica, las tribus Ponca y Otoe cuentan una historia en la que Coyote se casa con una joven con dientes en la vagina, pero solo después de arrancárselos, excepto por uno que le era muy placentero al hacer el amor. En las leyendas Ainu de Japón, un demonio con dientes afilados vive dentro de la vagina de una mujer, y esta, harta, acude a un herrero que forja un falo de hierro para destruir los colmillos. En Irán y Persia, la criatura Menmendas seduce hombres solo para partirlos por la cintura con sus muslos afilados.

Si lo miras bien, **la transformación de Hine-titama en Hine-nui-te-pō es una lección sobre la capacidad de coger el toro por los cuernos**: descubre un incesto, huye, decide dónde y cómo proteger a sus hijos… y cuando alguien (hola, Maui) trata de vulnerar su cuerpo en nombre de un «bien mayor», ella se defiende.

Esa autodefensa evita además el colapso (acabar con la muerte supondría una alteración del orden natural y, por tanto, el caos), así que es **una forma ideal de reescribir el cliché de «la mujer que trae la muerte» por «la mujer que pone límites y nos salva a todos»**.

También hay que decir que, para variar, muchas de las versiones que nos llegaron llevan la tinta de traductores y cronistas coloniales que no siempre entendieron el simbolismo maorí y, en su lugar, destacaron lo sensacionalista. Una lectura feminista y decolonial consiste en recuperar a Hine desde su complejidad: una diosa del amanecer que conoce el dolor, una diosa del inframundo que impide el abuso. **Esa *vagina dentata* puede leerse como símbolo del consentimiento: no entras sin permiso.**

¿Sabías que...?

Los directores de la famosa película de Disney **Vaiana**, Ron Clements y John Musker, confesaron que, durante la etapa de desarrollo, la diosa Te Kā se llamaba originalmente Te Pō ('Noche') en honor a Hine-nui-te-pō.

Anubis: dios funerario, ayuda a momificar y proteger los cuerpos.

Horus: hijo de Isis y Osiris, vengador de su padre.

Isis: diosa egipcia de la magia, de la maternidad y de la resurrección.

Neftis: hermana de Isis, cómplice en los rituales de resurrección.

Osiris: hermano-esposo de Isis y juez del inframundo.

Seth: hermano celoso y antagonista principal.

Thot: dios egipcio de la sabiduría.

Desde Egipto, una diosa que conquistó el Mediterráneo: **Isis, diosa de la magia, la curación, la realeza, la maternidad y la fertilidad**. Al igual que Hera en la mitología griega, Isis representaba a la esposa y madre ideal, pero lo más fascinante es que estaba vinculada a la vida, la muerte y el renacimiento. Así que, **para los egipcios, su papel en la vida después de la muerte era monumental**.

De hecho, aparece por primera vez en los escritos de las pirámides de la Dinastía V de Egipto (alrededor del 2400 a.C.). Estos textos, conocidos como *Textos de las Pirámides*, son una colección de conjuros, encantamientos y súplicas grabados en pasajes, antecámaras y cámaras sepulcrales, con el objetivo de echarle un cable al faraón en la Duat (el inframundo egipcio).

Con el paso de los siglos, su figura fue evolucionando y, tras la colonización griega, su culto se extendió por todo el Mediterráneo. Por cierto, Isis es el nombre que le dieron los helenos; **en realidad su nombre egipcio era Aset, Eset o Auset**, términos relacionados con la idea de «trono», uno de sus símbolos más característicos.

Por lo general se la representaba con un vestido rojo (era la moda del momento) y una diadema con forma de trono. Más tarde, su imagen cambió: lucía cuernos de vaca coronados por un disco solar y, a veces, aparecía arrodillada con las alas desplegadas para dar un dramatismo extra.

Ni príncipe azul ni cuento de hadas: Isis al rescate

Probablemente su mito más famoso sea el de la resurrección de su **hermano-marido**: Osiris. Hay varias versiones de esta historia grabadas en las paredes de las pirámides.

Según la más extendida, **Osiris gobernó Egipto con sabiduría**: promulgó leyes, enseñó agricultura y promovió la convivencia, por lo que se ganó el cariño de todos. **Pero Seth, su hermano, lleno de celos, urdió un plan letal**: mandó fabricar un cofre a la medida exacta de Osiris y, durante una fiesta, lo convenció de meterse en él; una vez dentro, lo encerró y lo lanzó al Nilo, y se quedó con el trono.

Cuando Isis se enteró de que su marido había desaparecido, salió desconsolada a buscarlo. Encontró el cofre, rescató el cuerpo y lo escondió en juncos para preparar los rituales funerarios. Pero Seth lo descubrió y, para asegurarse de que Isis no volviese a entrometerse, descuartizó a Osiris y dispersó sus fragmentos por todo Egipto.

Llegó entonces el momento de la magia de Isis: con la ayuda de los dioses Neftis, Thot y Anubis, recuperó cada pieza, las recompuso, las cosió y momificó el cuerpo. Entonces, pronunció hechizos, derramó lágrimas, le soltó un buen discurso (básicamente todo lo que se le ocurría para convencerlo de que volviese a la vida), pero nada funcionaba.

Isis, que siempre tenía un as bajo la manga, **se transformó en pájaro**, batió sus alas y envió el aliento de vida a Osiris, a quien logró revivir lo suficiente para tener sexo con él.

Aunque Osiris volvió a la vida, no podía quedarse entre los vivos, así que partió al Duat como juez del inframundo. Mientras tanto, Isis dio a luz a Horus, lo crio en secreto y, luego, él fue reconocido como rey legítimo, mientras Seth era exiliado. ***Ciao, pescao.***

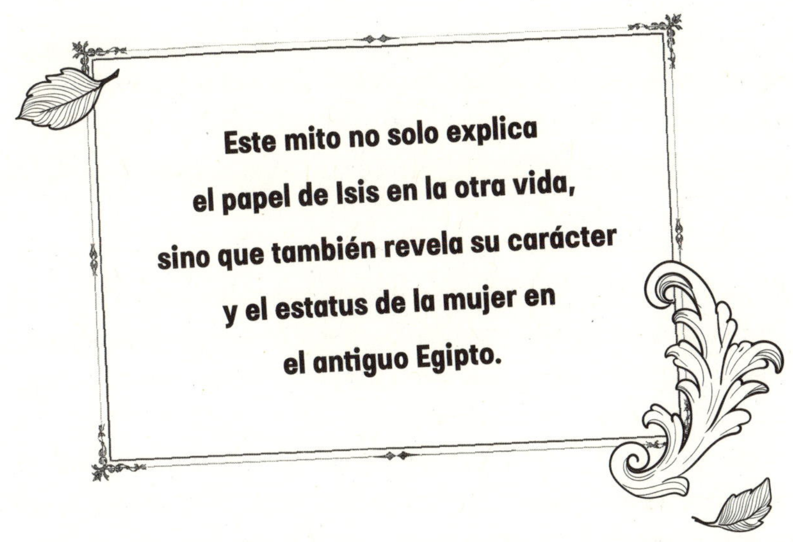

Puede parecer un cuento más donde la mujer tiene que sacarle las castañas del fuego al hombre, pero yo lo veo como un príncipe azul a la inversa: **ella es la heroína que lo saca del lío.**

No es de extrañar que, en la mayoría de sus mitos, Isis actuara con tanta autonomía, porque la sociedad egipcia era más igualitaria que, por ejemplo, la griega o la romana. **No era una utopía, ojo, pero las mujeres podían poseer tierras, vender propiedades, tenían derechos ante la ley (al menos en teoría) y podían vivir solas,** aunque no fuera lo habitual.

Cría cuervos y te sacarán los ojos

Antes de subir al trono, Horus tuvo que enfrentarse a su tío Seth en un duelo, y al principio perdió. Isis y su hijo no iban a quedarse de brazos cruzados, así que la diosa le tendió una trampa al malo. Pero, cuando lo tuvo capturado, se apiadó de él y lo dejó libre. Si es que, de tan buena, tonta.

Imagínate la que se armó: Horus, hecho una furia, en un arranque de ira le cortó la cabeza a su propia madre. **Sí, un giro dramático. Pero Isis aún tenía mucho que vivir**: el dios Thot reemplazó su cabeza por la de una vaca (de ahí sus cuernos) y ella se marchó al inframundo junto a Osiris.

A pesar de todo, Horus logró subir al trono. Desde entonces, cada nuevo rey era visto como la reencarnación de Horus y, en su coronación, su madre (o en su defecto, su hermana) ejercía el papel de Isis. Eso reforzaba la autoridad divina del monarca, algo parecido a lo que vimos con Dido en el capítulo «Reinas y líderes».

Para ayudar a Osiris en el Duat, Isis visitaba su tumba y llevaba su propia leche como libación. Por eso, la gente veía la leche materna como una salvación: nutría a Horus para que creciera sano y, al mismo tiempo, impulsaba el renacer de Osiris. Y ojo, no se quedó en mito: en el antiguo Egipto la leche pasó a ser muy valorada en la medicina.

Isis era y sigue siendo vista como una madre compasiva, capaz de superar la muerte de su marido y criar a su hijo en solitario. **Pero, como diosa, desafía cualquier etiqueta: feroz y bondadosa, leal y estratega, esposa entregada y maga suprema.** Gracias a ella, las mujeres egipcias eran veneradas por su poder para sostener la vida y conectar con lo divino.

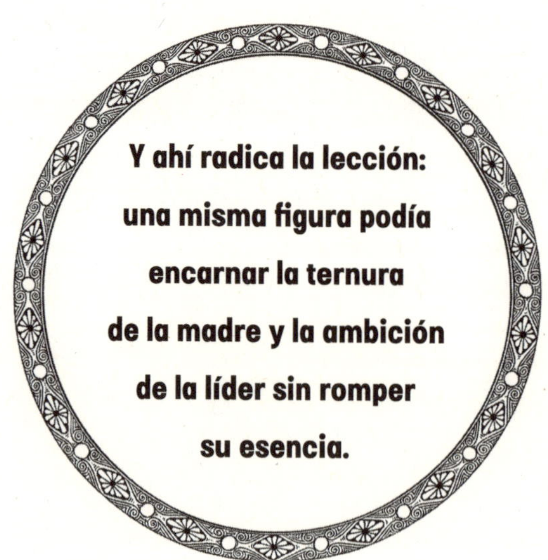

Si hace miles de años **Isis nos enseñó que las mujeres no caben en un solo molde**, ¿por qué hoy seguimos encorsetando los roles femeninos? ¿No sería hora de reclamar el derecho de cada mujer a definirse a sí misma sin límites ni prejuicios?

¿Sabías que...?

El culto de Isis podría haber influenciado el cristianismo, aunque es un tema sobre el que los expertos siguen debatiendo. Entre los motivos que llevan a esa conclusión están el compromiso de los devotos con una deidad que consideran superior a las demás y los ritos de iniciación (**los misterios para Isis y el bautismo en el cristianismo**).

De hecho, en los misterios de Isis se consideraba la muerte y resurrección de la diosa como beneficiosas para **la vida después de la muerte** de los devotos. (Dime que eso no te suena...). De todas formas, es más que probable que estas semejanzas se deban más al contexto en el que se desarrollaron ambos cultos (**la cultura grecorromana**) que a que el cristianismo se copiase.

Además, **a Isis se la compara directamente con María**. Ambas tienen influencia en campos como la agricultura y la protección de los marineros, y las imágenes de Isis con Horus en el regazo nos recuerdan, irremediablemente, a la representación de María en su papel de Virgen de la Leche.

Morrigan

Badb: la diosa-cuerva implacable que riega los campos de batalla con profecías de sangre.

Cúchulainn: héroe testarudo que pagó caro su desprecio por el favor divino.

Dagda: patriarca de los dioses que supo negociar con la muerte para vencer sin mancharse las manos.

Macha: reina guerrera que reparte suerte (o mala leche) a su antojo.

Morrigan: la guerra hecha diosa triple, un vendaval de caos con tres caras.

Nemain: arquitecta de pesadillas, siembra el terror en el campamento rival antes del alba.

La siguiente diosa es un ofertón, porque no es una, sino tres. **Morrigan es la terrorífica diosa celta de la guerra y la personificación del caos y el horror** de esta.

En la mitología acostumbra a aparecer lavando ropa, telas de carruajes y armaduras de héroes en las aguas de un río. Aunque existen algunas versiones que son algo más *gores* y la muestran **lavando cabezas y extremidades de guerreros**.

Tres por uno en diosas

Morrigan no es un caso «raro», pues en la cultura celta eran bastante comunes las tríadas y diosas triples. Una diosa individual solía tener muchos atributos (y, muchas veces, contradictorios entre sí) como para ser considerada la diosa de una sola cosa: de la guerra, del amor, de la fertilidad...

Para entenderlo mejor, podemos pensar en Morrigan como el concepto de la guerra en sí, y al igual que la guerra tiene diferentes aspectos, también los tiene ella. Pero veamos cuáles son sus tres *caras*.

En primer lugar, tenemos a **Badb, la más *badass***: era la representación de la matanza y la brutalidad de la guerra. A veces aparecía como **un cuervo que profetizaba el desastre y la muerte** inminente, y también empujaba a la gente hacia la guerra y se encargaba de debilitar al enemigo.

Por otra parte, también **está Macha, la parte más soberana.** Tenía un papel más parecido al de **«diosa madre»** y, como tal, estaba relacionada con **la fertilidad y el parto, pero también con la guerra y el reinado.** A veces adoptaba un papel de diosa de la fortuna, otorgando buena o mala suerte según le apetecía, y ya te digo yo que no lo hacía de una manera «caritativa» más propia de una diosa madre, no. Ella favorecía a los suyos fastidiando a los enemigos.

En un mito, Macha es forzada a correr contra los caballos del rey para salvar la vida de su marido estando embarazada y, al llegar a la meta y ganar, da a luz a mellizos. Pero los hombres de Ulster no parecieron estar muy agradecidos por la hazaña de Macha, así que Macha **los maldijo por nueve generaciones de una forma muy original**: cuando fuesen a la guerra, tendrían dolores como los que tiene una mujer en el parto.

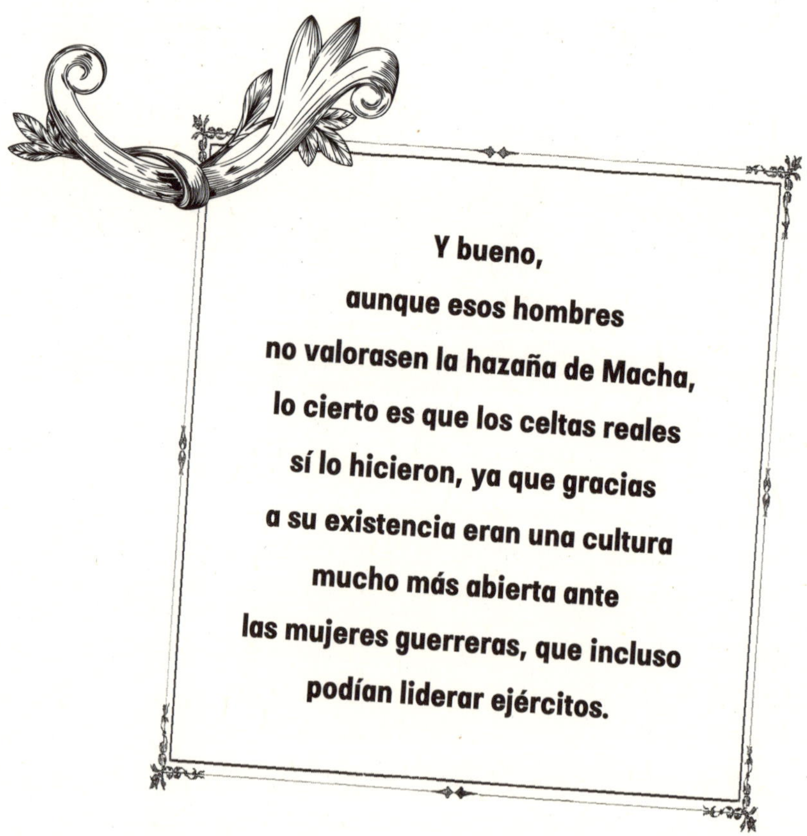

Un ejemplo **ideal de mujer guerrera** en la cultura celta es **Boudica**, la reina guerrera de los icenos (una tribu britana de la zona del actual condado de Norfolk, en la actual Inglaterra), que **lideró a varias tribus** durante el mayor levantamiento en Britania contra la ocupación romana, entre los años sesenta del siglo I.

Porque si las mujeres de los mitos celtas eran fuertes e influyentes, también lo eran en la vida real.

Nemain completa la tríada, aunque aparece en menos historias. **Es la encargada de llevar el miedo y el terror a los rivales**, como en *Táin Bó Cúailnge*, donde se aparece como espíritu de la guerra en el campamento enemigo la noche antes de la batalla, para provocarles unas pesadillas tremendas.

Cuando las características de estas tres diosas se unían, daban forma a Morrigan, que tenía el poder total.

Morrigan no es solo una diosa de la guerra: es la guerra misma vista desde dentro: sus heridas, sus furias, sus contradicciones y sus reglas ocultas.

Al ser triple, nos recuerda que la violencia no es algo simple: hay brutalidad (Badb), soberanía y poder (Macha), y terror psicológico (Nemain). Juntas forman un concepto completo: la guerra como acto físico, simbólico y profético. La presencia de **Morrigan no es solo acción: es el recordatorio de que todo conflicto deja huella.**

¿Más vale tarde que nunca? No con Morrigan

Puede que la primera aparición registrada de Morrigan sea en *Táin Bó Cúailnge*, algo así como la *Ilíada* celta, del que ya hemos hablado al explorar la historia de Medb, en el capítulo «Reinas y líderes». En él, Morrigan (Badb más exactamente, pero nos quedaremos con el nombre de Morrigan para no liarnos) se aparece ante el héroe Cúchulainn (¿lo echabas de menos?) en el campo de batalla para ofrecerle ayuda a cambio de sexo. Pero Cúchulainn no la reconoce y la rechaza.

Por supuesto, **Morrigan jura fastidiarle la vida**: dice que será la anguila que lo haga tropezar en el río, la loba que le mandará una estampida de vacas... Y todo eso pasa en la batalla. Cúchulainn se enfrentó a esos animales y ganó, aunque salió herido. Más tarde se encontró a una chica ordeñando una vaca y se dio cuenta de que tenía las mismas heridas que les había hecho a los animales, y cayó en la cuenta de que era Morrigan. **El héroe se ofreció a curarle, pero era tarde: se había ganado una enemistad eterna.**

De camino a la que iba a ser su última batalla, Cúchulainn encontró a Morrigan lavando su armadura en el río, lo que tomó como presagio de que iba a morir. Se la volvió a encontrar en una encrucijada, aquí sí como tres mujeres que **lo incitaron a comer carne de perro**. Eso lo debilitó como para que sus rivales pudiesen matarlo.

Cúchulainn rechazó a Morrigan y acabó mal, pero **hubo otro héroe que sí que supo valorarla: el Dagda**, uno de los jefes de los dioses celtas. El Dagda se encontró a Morrigan la noche antes de una batalla, y ella, así como hizo con Cúchulainn, le ofreció sexo y ayuda, a lo que él accedió. Morrigan se presentó en la batalla y recitó un poema de guerra que atemorizó tanto al rival que fue muy fácil acorralarlos.

¿Cúchu... qué?

Si cada vez que intentas leer el nombre de Cúchulainn te trabas o no sabes cómo pronunciarlo, créeme, no estás sola. Todo hubiese sido mucho más fácil si se hubiese quedado con **su nombre de nacimiento, Setanta**. ¿Por qué se lo cambió?

Pues resulta que su tío, el rey Conchobar, había sido invitado por el herrero Culann a un **banquete**, y le pidió a Setanta que lo acompañara.

Setanta **estaba jugando al hurling** en ese momento, así que le dijo a su tío que fuese tirando, que enseguida se unía a la fiesta. Cuando llegaron el resto de los invitados, Culain le preguntó al rey Conchobar si ya estaban todos, y el rey respondió que sí, olvidándose de Setanta (qué buen tío). Entonces, Culann soltó a su **enorme perro** para que vigilara la casa.

Cuando Setanta llegó a la casa de Culann, el perro se abalanzó sobre él. El héroe, que todavía llevaba encima el palo y la pelota de hurling, le lanzó un pelotazo que hizo que el perro retrocediese por el golpe. No contento con eso, Setanta lo agarró por las patas y le estrelló la cabeza contra el suelo de piedra.

Al oír aullar al perro, Conchobar se acordó de Setanta y salió corriendo, esperando encontrar a su sobrino destrozado. **Pero ¡sorpresa! Ahí estaba, ileso, de pie junto al perro muerto.**

Te puedes imaginar el drama del herrero Culann al ver a su perrito muerto. ☹

Para compensar su liada, Setanta juró ocupar el lugar del perro de por vida, **protegiendo el paso a Úlster**. Así se convirtió en el sabueso de Culann: Cúchulainn.

Morrigan, como otras de las muchas mujeres que hemos ido conociendo a lo largo de este libro, nos **muestra que el poder femenino no siempre viene envuelto en cuidado ni en ternura**: a veces es rabia, justicia sangrienta, profecía y castigo. Aprender de ella es aceptar que la ira de las mujeres es política y legítima, y no un fallo de nuestro carácter, y que la capacidad de disputar el poder puede tomar formas que incomodan, porque cuestionan el orden que ha sido impuesto por otros.

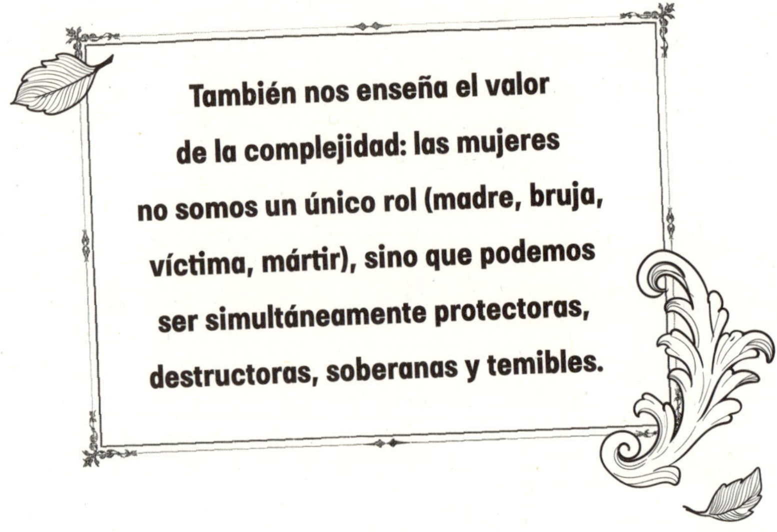

Reivindicar eso implica permitirnos sentir y actuar en toda esa gama de roles sin ser canceladas por cada emoción que decidimos manifestar. **Morrigan nos invita a reclamar la soberanía sobre nuestros cuerpos, nuestras decisiones y nuestras venganzas,** no como excusa para la violencia gratuita, sino como reconocimiento de que el poder femenino puede ser total y aterrador, y de que eso también educa.

La etimología del nombre de Morrigan es algo... confusa. «**Mor**» puede derivar de una raíz indoeuropea que significa '**terror**' o '**monstruosidad**', y que estaría relacionada con el inglés antiguo *maere* (presente en *nightmare*, '**pesadilla**'), el escandinavo *mara* y el eslavo oriental antiguo *mara* (también 'pesadilla').

Por otra parte, «**rígan**» se traduce como '**reina**', por lo que «**Morrígan**» se traduce a menudo como '**reina fantasma**'.

Pero en el periodo irlandés medio, el nombre se escribía a menudo «Mórrígan», con un diacrítico de alargamiento sobre la o, que podría ser para darle el significado de '**Gran Reina**' (del irlandés antiguo *mór*, 'grande').

Afrodita: diosa del amor, la belleza y la sexualidad (¿qué te voy a contar? A estas alturas seguro que ya la conoces).

Deméter: diosa griega de la agricultura y las cosechas; madre todoterreno.

Hades: dios de los muertos y rey del inframundo; hermano de Zeus y Poseidón (el trío La La La).

Hécate: diosa de las encrucijadas, la hechicería y la noche.

Helios: deidad solar que cruza el cielo cada día en su carro de fuego, desde donde lo ve todo.

Hermes: dios mensajero de los olímpicos y guía de las almas al inframundo.

Koré/Perséfone: doncella de la primavera y reina del Hades.

Zeus: padre de dioses y de humanos. Hace lo que le da la gana (estoy harta de describirlo en cada capítulo de mitología griega).

Siempre le he tenido cierto cariño a Hades, el dios griego del inframundo, en parte gracias a *Hércules* de Disney. Y bueno, también porque, en comparación con sus dos hermanos, Zeus y Poseidón, no era «tan malo». Pero lo cierto es que el dios de la mitología griega poco tiene que ver con el de la película: sin ironía, sin frases graciosas y sin pelo de fuego.

Pero no estamos aquí para hablar del dios Hades, sino de su mujer, **Perséfone**. A la que secuestró (sí, las cosas bien claras y el chocolate bien espeso). **Perséfone era hija de Deméter y de...** Zeus, para sorpresa de nadie. Perséfone no nació con ese nombre, no. **Se llamaba Koré**, 'joven', 'doncella' (en el sentido de virgen), un nombre que representaba muy bien su papel como **diosa de la primavera**. ¿Qué le hizo cambiar de nombre? Te lo cuento.

Sin permiso ni perdón

Un día, Koré pasaba el rato en un campo de Enna, en Sicilia, **jugando y recogiendo flores** con sus amigas, algo que le encantaba hacer cuando era joven (¿hay algo más digno de la diosa de la primavera?). En un momento, vio un ramo de flores de narciso que crecía de la misma raíz y, sin pensarlo dos veces, se acercó a él. Pero justo en ese momento, **la tierra se abrió, y apareció Hades en su carruaje, que la agarró y se la llevó a su reino: el inframundo**. Koré chilló, gritó el nombre de su madre y el de su padre, pero de nada sirvió.

Una de mis esculturas favoritas es *El rapto de Proserpina* (el nombre romano de Perséfone), de Bernini, que ilustra a la perfección este momento. Hades agarra a Perséfone por la cadera como si no le supusiera ningún esfuerzo (probablemente no lo era; al fin y al cabo, era un dios), mientras ella intenta huir, zarandeando sus piernas y brazos (incluso parece que le dé un bofetón con una mano). Es una escultura preciosa que representa un suceso horrible.

Deméter comenzó una búsqueda inexorable de su hija, día y noche, adentrándose en rincones inhóspitos cargando antorchas para iluminarse, pero no había manera. En el noveno día, la diosa Hécate encontró a Deméter y le contó que había escuchado gritar a Perséfone, pero que no sabía nada más. Juntas fueron a buscar a Helios, la personificación del Sol, pues él, desde ahí arriba, lo veía todo.

Helios les dio las noticias: Hades se había llevado a Koré al inframundo y, además, con el visto bueno de Zeus. Por qué Helios no dijo nada hasta que le preguntaron expresamente es para reflexionar, pero al grano: sí, Zeus, el propio padre de Koré, le había dado el aprobado a Hades para que hiciese lo que le diese la gana con ella.

Así que los dos hermanos colaboran para engañar a Deméter (que también es su hermana), ya que Koré es raptada estratégicamente mientras su madre no está presente. Además, que Zeus sea parte de la ecuación anula de forma automática cualquier oportunidad de Deméter de ganar esta batalla, ya que la justicia la controla él (en otras palabras, hace lo que le sale de las narices).

Como es lógico, **Deméter entró en cólera** y, como era la diosa de la agricultura y las cosechas, **todos los cultivos se echaron a perder, nada crecía y la gente se quedaba sin comida**. El mundo se moría porque Deméter estaba desolada sin su hija. Hasta que Zeus se dio cuenta de que se quedaba sin gente que le venerase y dijo «hasta aquí». A lo que Deméter añadió: «Hasta que vea a mi hija no va a crecer ni un mísero cereal».

Esto nos lleva a otro tema: la dicotomía del poder en la mitología. **Las diosas tienen un poder del que las mortales carecen a la hora de plantar cara a la misoginia:** Afrodita se mete en la vida de los demás por su sexualidad, Hera y su ira contra Zeus influyen en muchísimas historias, y Deméter chantajea a Zeus con la fertilidad de la tierra.

De todas formas, Deméter es de las pocas personas que le planta cara a Zeus y sale ganando. Zeus manda a Hermes a buscar a Koré al inframundo y explicarle a Hades que tiene que devolverla (suena a que Koré era un objeto, pero el mito es así, por rabia que nos dé). Pero aquí Hades se saca un truquito: **aunque acepta que Koré se marche, le hace comer unas semillas de granada.** Algo que te será útil conocer: comer alimentos del inframundo te ata a él.

Desde la Antigüedad, **la granada ha sido un símbolo cargadito de significado**: aparece en historias de Egipto, Asiria, Persia e incluso en la Biblia.

En el mundo griego y romano **se asoció con la muerte y la resurrección** (por su papel en el mito de Perséfone) y con **la fertilidad y la unión** (vinculada a diosas como Afrodita y Hera). En la Edad Media mantuvo esa carga simbólica al estar relacionada con la inmortalidad del alma y la esperanza en la resurrección, lo que se representaba con la imagen del Niño Jesús ofreciéndole una granada a su madre.

Además, se convirtió, para los Padres de la Iglesia, en **una metáfora de la unidad de la Iglesia** (así como la fruta encierra bajo su corteza un montón de granos, también la Iglesia une en una única creencia a pueblos diversos).

En la península ibérica la granada también tuvo un papel importante: **fue emblema del reino nazarí de Granada** y, tras la conquista, pasó al escudo de armas de los **Reyes Católicos** (de hecho, aún la podemos ver en el escudo de España). Incluso se dice que se obsesionaron un poquito con el fruto: que si unas monedas con granadas, que si Fernando utilizaba un sello secreto con una granada, que si el libro de horas (un manuscrito ilustrado con rezos y salmos) de Isabel también tenía un montón de granadas...

Hasta los regalos con los que sorprendían a sus visitas estaban relacionados con las granadas: al duque de Viseu le regalaron en 1482 una granada de oro con perlas (la voy a añadir a mi lista de deseos).

Algunas reescrituras del mito lo pintan como si Koré se comiese las semillas de granada voluntariamente sabiendo que debería quedarse en el inframundo (porque no quería volver con su madre, porque quería quedarse con Hades, porque estaba enamorada de él... no). En las versiones más antiguas del mito, es Hades quien hace que se las coma, y no solo eso: sabemos que lo hace «a escondidas», y podríamos pensar que engaña a Koré y ella las come sin darse cuenta, pero no. **Realmente lo hace a escondidas de Hermes y obliga a Koré a tragárselas después de habérselas metido en la boca a la fuerza.**

Después de esto, Deméter y Hades llegan a un acuerdo según el cual Koré pasará la mitad del año en el inframundo y la otra en la tierra (depende de la versión, a veces es un tercio y dos tercios, respectivamente). Aunque su llegada al inframundo es traumática, **Koré se adapta perfectamente al papel de reina y, como tal, adopta su nuevo nombre: Perséfone, «destructora» o «portadora de la muerte».** De hecho, los griegos **la temían más a ella que a Hades**.

Perséfone: objeto, sujeto, refugio

Este mito es conocido por ser una alegoría del ciclo vital de la tierra y las estaciones del año, pero también se asocia con la experiencia de la novia griega: deja atrás su vida anterior y su niñez para convertirse en una mujer adulta y tener una nueva vida. Y esto quizá sea uno de los motivos por los que este mito nos toca tanto a las mujeres.

Como dice la investigadora y profesora Susan Grubar, la relevancia del mito de Perséfone recae en que es una **figura mitológica importante para las mujeres**, porque nos sentimos identificadas en su experiencia como madres o hijas, por su **proceso de transformación y de crecimiento**. Aunque yo me pregunto si, desafortunadamente, no habrá también muchas mujeres que encuentren en el mito de Perséfone un refugio por haber sido también el objeto de los caprichos de un hombre que se cree un dios todopoderoso.

Existe una corriente del feminismo, el ecofeminismo, que establece una conexión entre la dominación histórica de la mujer y la explotación de la naturaleza. Bajo esta idea, el mito de Perséfone sirve para explicar **cómo en los sistemas patriarcales la violencia que se ejerce sobre la naturaleza se refleja en la que se ejerce sobre la mujer**. Y como dice la escritora Christine Downing en *The Long Journey Home: Re-visioning the myth of Demeter and Persephone for our time*, en el mito de Perséfone, el rapto de la mujer provoca un desierto, una tierra estéril, lo que ejemplifica que la violencia hacia la mujer afecta negativamente los ciclos de la naturaleza.

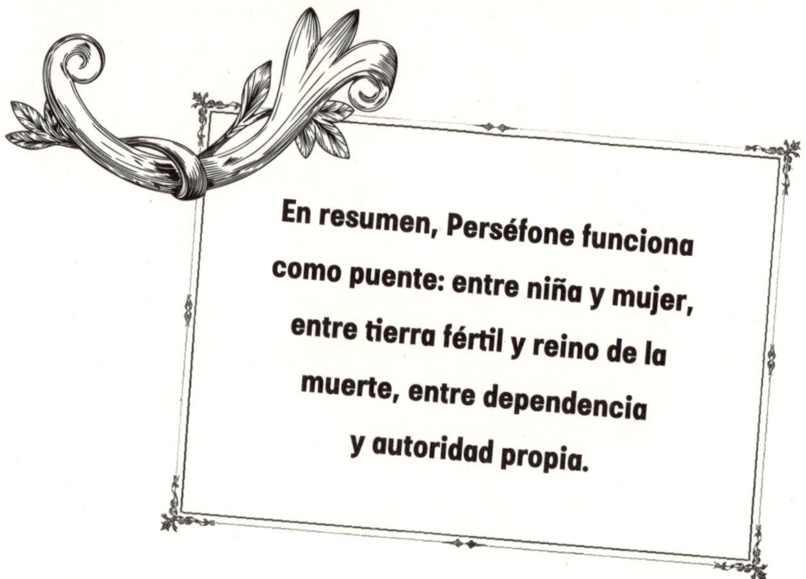

Su rapto demuestra las reglas del patriarcado antiguo: las diosas no siempre deciden; pero su viaje al inframundo y su transformación en Perséfone, 'la que destruye', nos muestran que ese momento traumático no la reduce a un objeto. **Acaba siendo reina del inframundo,** con un poder que aterroriza incluso a su marido: la inocente Koré se convierte en una figura compleja, capaz de dar vida al volver a la tierra y de administrar la muerte cuando está bajo ella. Esa doble función condensa el ciclo vital y, a su vez, pone en evidencia cómo la «pérdida» de la inocencia femenina se narra muchas veces como algo que la sociedad interpreta y regula, no algo que la mujer elija.

Obviamente, Perséfone también tiene su hueco. En **el musical Hadestown**, vemos a Perséfone apasionada y rebelde, desgarrada entre su rol de reina del inframundo y su retorno cíclico a la superficie.

También tiene su lugar en el mundo de los **videojuegos: en Hades**, Perséfone le da el toque emocional al relato: madre ausente y reclamada por su hijo Zagreus, el prota, y retorna en escenas cargadas de ternura, representando la esperanza y el anhelo de reunificación familiar.

Lee su historia

En el mundo de los *retellings* mitológicos, el **cómic Lore Olympus**, de Rachel Smythe, reinterpreta el mito de Perséfone desde una perspectiva moderna y feminista: redibujada como protagonista que lucha contra el trauma y escoge conscientemente su papel como reina del inframundo, en lugar de ser mera víctima.

También nos cuenta su historia Scarlett St. Clair en su saga **La caricia de la oscuridad**, un «romantasy» ambientado en el mundo actual.

CONCLUSIÓN

Cuando comencé a interesarme por la mitología y a leer sobre ella, no tenía en mente hacerlo **desde una perspectiva feminista**.

Al ir leyendo más y más, fui desarrollando un cierto... **¿asco?** hacia algunos de los mitos y algunos personajes en concreto (hola, Zeus; pero también Poseidón, Apolo, Agamenón... Bueno, si sigo no termino). De forma inconsciente, esa reacción **influenció en mi manera de percibir los mitos y en mi modo de explicarlos**: nunca **me escucharéis** blanquear una violación o un secuestro en la mitología. A estas alturas del cuento creo que ya es hora de llamar a las cosas por su nombre. Porque lo que no se nombra, no existe.

O leeréis.

Lo diré así si mis editoras me dejan, porque no hay otra manera de decirlo.

Pero este libro no solo denuncia la violencia física (las violaciones, los secuestros, las humillaciones...), también señala la violencia psicológica y **cómo se ha ido construyendo una narrativa que encasilla, avergüenza y deshumaniza a las mujeres.** Muchas veces el papel de estas en los mitos está condicionado por el de los hombres: son madres o amantes para explicar gestas ajenas, chivos expiatorios de pasiones masculinas, o el catalizador de una hazaña que en realidad lo único que hace es ensalzar a un hombre.

Esa relación de dependencia narrativa no es algo *sin más*: **crea expectativas, legitima conductas y borra la voz femenina.**

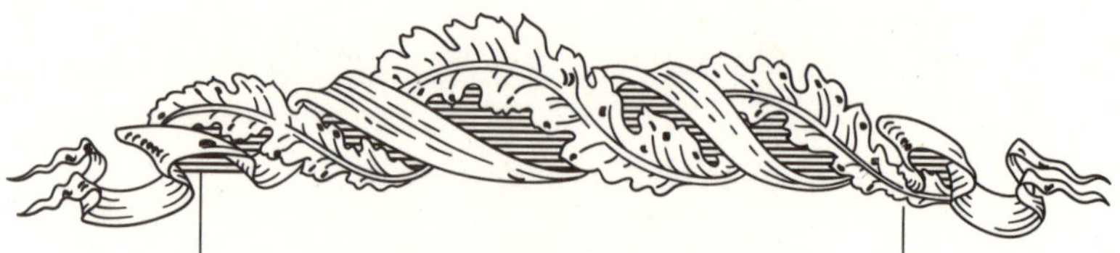

Y no me malinterpretes, eso no quiere decir que justifiquemos lo injustificable (no vamos a blanquear lo que hizo Medea, por ejemplo), sino que reclamamos el derecho a narrar y escuchar estas voces sin aplicarles un doble rasero. Porque quizá, aunque creo firmemente que es necesario contar estas historias (si no, no estaría aquí, vaya), la clave no está en ellas, sino en cómo las leemos y reaccionamos a ellas.

No se trata de justificar sus actos ni de exigir que se las juzgue menos, sino de bajar a esos hombres del pedestal donde la tradición los ha colocado.

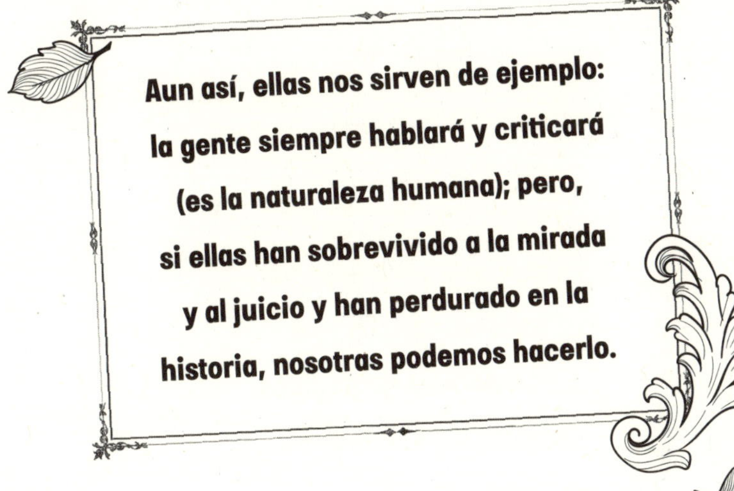

Escribir este libro ha sido, entre otras cosas, aprender a nombrar, a señalar sin rodeos y a no aceptar medias verdades. **Estas mujeres han sido juzgadas, demonizadas y a menudo silenciadas; y aun así han sobrevivido en la memoria colectiva.** Que hayan perdurado es prueba de su fuerza y de la necesidad de seguir contándolas: con ironía, con rabia, con cariño y con rigor, para que nos sirvan de espejo y de herramienta.

Así que cierro diciendo esto: **si los mitos nos han formado, también nos pueden transformar.** Sigamos leyéndolos, disfrutándolos, juzgándolos, riéndonos con ellos y, sobre todo, contándolos de otra manera, porque, si antaño sirvieron para meter a las mujeres en cajas, hoy sirven para abrirlas.

AGRADECIMIENTOS

No sé en qué momento estoy sentada en mi cafetería de confianza escribiendo los agradecimientos de mi primer libro, pero allá va.

Por supuesto, tengo que comenzar dándole las gracias a mi editora, Cristina, por contar conmigo para dar vida a este proyecto y ayudarme a moldearlo junto a Laura: **vuestros comentarios han hecho que el proceso fuera el triple de divertido y ameno**.

A mis padres y a mi hermana, por apoyarme en todo lo que hago, y a mi abuela, que, aunque a veces no sepa de qué van esas historias que cuento «en el Internet», siempre está orgullosa de su nieta. Y al yayo, porque sé que también lo estaría.

¡Y yo encantada de haberos hecho reír tanto!

.A David, por acompañarme en mis altos, bajos y medios. A Núria, Laura J., Titi, Sara S., Sara L., Laura F., María, Marleny, Sofía... Este libro me ha hecho darme cuenta de lo bien rodeada que estoy. Gracias por aguantarme.

No me puedo olvidar de mi fiel compañero felino: Spinny, gracias por hacerme compañía en las largas tardes de escritura y por querer colaborar pasando por encima del teclado (aunque creo que la gente no entendería lo que quieres decir con «ythgr75489tbbde»).

¡Gracias, Karim!

A toda la gente que ha apoyado a **La caja de Isa** desde que decidí abrirme una cuenta de Instagram para **compartir mi afición**.

A mis chicas del club de lectura mitológico. El capítulo de Clitemnestra va por vosotras.

Y, por último, gracias, Zeus, sin ti la mitología griega no sería ni la mitad de lo que es. Te odio, pero gracias.

BIBLIOGRAFÍA

Reinas *y* líderes

Alberro, M. (2005), *Táin bó Cuailnge: la razzia de ganado de Cuailnge*, Editorial Toxosoutos.

Álvarez, N. (2017), «Clitemnestra y Antígona. Modelos de feminidad patriarcal en la tragedia ática», *ESCENA. Revista de las Artes*, pp. 57-70. <https://archivo.revistas.ucr.ac.cr/index.php/escena/article/view/30896/30748>.

Britannica Editors (2025), *Cú Chulainn. Story, Ulster Cycle & Heroism*, Encyclopedia Britannica. <https://www.britannica.com/topic/Cu-Chulainn>.

Carey, J., «MedB Chruachna», *Dictionary of Irish Biography*. <https://www.dib.ie/index.php/biography/medb-chruachna-a5781>.

Crerezo, D. A (2013), *Construcciones y estereotipos de feminidad reforzados a partir de la mitología clásica: el caso de Afrodita, Hera y Atenea*. <https://eprints.ucm.es/id/eprint/26115/>.

De Salinas y Córdoba, B. (1957), *Memorial de las historias del nuevo mundo, Pirú*, Universidad Nacional Mayor de San Marcos. <https://bdh-rd.bne.es/viewer.vm?id=0000092550&page=1>.

Delbueno, M. (2015), «Proyecciones de la cultura griega: Las expresiones de violencia por la naturaleza amorosa en dos mujeres: Medea y Dido», *VII Jornadas de Estudios Clásicos y Medievales* (Ensenada, Argentina, 7 al 9 de octubre de 2015), en: «Diálogos culturales», *Memoria Académica*. <http://www.memoria.fahce.unlp.edu.ar/trab_eventos/ev.7548/ev.7548.pdf>.

Esquilo (2017), *Tragedias* (trad. E. Á. Ramos Jurado), Alianza Editorial.

Giura, G., Del Pilar, A. (2016), *El mito de los cuatro hermanos Ayar: una aproximación a los roles femeninos*, Pontificia Universidad Católica del Perú. <https://tesis.pucp.edu.pe/server/api/core/bitstreams/a0c2d5a8-e616-417a-8a69-148bdb8273b8/content>.

Guzman-Giura, A. (2023), «Los bordes del género: una mirada a través de la imagen de Mama Huaco», *LACIS Review*. <https://www.lacisreview.org/blog-issue-02/los-bordes-del-gnero-una-mirada-a-travs-de-la-imagen-de-mama-huaco>.

Haynes, N (2023), *Divine Might: Goddesses in Greek Myth*, Palgrave Macmillan.

Homero (2014), *Ilíada* (trad. E. Crespo), Gredos.

León, N. (1997), «Clitemnestra, ¿una mujer varonil?», *Revista de Lengua y Literatura*, 9, pp. 95-100. <https://revele.uncoma.edu.ar/index.php/letras/article/view/1207/1245>.

Mac Shamhráin, A., «Cú-Chulainn», *Dictionary of Irish Biography*. <https://www.dib.ie/index.php/biography/cu-chulainn-a2268>.

The Violent Death of Medb. <https://www.maryjones.us/ctexts/medb.html>.

Virgilio (2014), *Eneida* (trad. E. de Echave Sustaeta), Gredos.

Winnington-Ingram, R. P. (1983), *Studies in Aeschylus*, CUP Archive.

Zamboni, O (1983), «Soledades. Reflexiones en torno a Dido y Eneas, arquetipos humanos», *Cuadernos de Literatura*, 2, pp. 91-102. <https://doi.org/10.30972/clt.023328>.

Zevallos, M. A. (2018), «El mito de Pilcosisa y Mama Huaco: madres de una dinastía endiablada», *Revista de Letras*, 58(1), pp. 49-62. <https://periodicos.fclar.unesp.br/letras/article/view/11957/8295>.

Guerreras *y* heroínas

«Seldr. Norse Mythology for Smart People», *Norse Mythology for Smart People*. <https://norse-mythology.org/concepts/seidr/>.

«Thákane: Dragon-slaying South African Princess», *Rejected Princesses*. <https://www.rejectedprincesses.com/princesses/thakane>.

Anónimo (2015), *La epopeya de Gilgamesh*, Penguin Clásicos.

Anónimo (2016), *Edda mayor* (trad. L. Lerate), Alianza Editorial.

Apolodoro (2016), *Biblioteca mitológica* (trad. J. García), Alianza Editorial.

Boyd, C. L. (2021), *Eruptions of Inanna: Justice, Gender, and Erotic Power by Judy Grahn*, Feminism and Religion. <https://feminismand religion.com/2021/06/07/eruptions-of-inanna-justice-gender-and-erotic-power-by-judy-grahn-book-review-by-carolyn-lee-boyd/>.

Cano, J. F. (2005), «Entre Oyá y Santa Teresa. El controvertido asunto del sincretismo en la santería», *Gazeta de Antropología*. <https://www.academia.edu/113892379/Entre_Oy%C3%A1_y_Santa_Teresa_El_controvertido_asunto_del_sincretismo_en_la_santer%C3%ADa>.

De los Ángeles Chavarría Magriñat, T. (2025), «Sirenas africanas, dioses y anillos. Un viaje por la cultura yoruba a través de los arquetipos de la literatura de ficción para jóvenes adultos». <https://zaguan.unizar.es/record/152495>.

G. M., A. (2021), «Mujeres vikingas, las damas del norte», *Historia National Geographic*. <https://historia.nationalgeographic.com.es/a/mujeres-vikingas-damas-norte_16347>.

Gómez, J. (2020), *Gilgamesh, el héroe que venció a la muerte*, Desperta Ferro Ediciones. <https://www.despertaferro-ediciones.com/2020/epopeya-de-gilgamesh-el-heroe-que-vencio-a-la-muerte/>.

Gómez, S. M. V. (2017), *Ishtar y las mujeres veladas: literatura y construcciónsocialdelafeminidadneoasiria*. <https://repositoriodigital.uns.edu.ar/handle/123456789/4045>.

Grahn, J. (2021), *Eruptions of Inanna: Justice, Gender, and Erotic Power*.

Haynes, N. (2024), *La jarra de Pandora: Una mirada femenina de las mujeres en los mitos griegos*, RBA Libros.

Homero (2014). *Ilíada* (trad. E. Crespo), Gredos.

Jastrow, M. (1911), «The «Bearded» Venus», *Revue Archéologique*, *17*, pp. 271-298. <http://www.jstor.org/stable/41021741>.

Meek, T. J. (1910), «A Hymn to Ishtar, K. 1286», *The American Journal of Semitic Languages and Literatures*, *26*(3), pp. 156-161. <http://www.jstor.org/stable/527816>.

Ovidio (2015), *Metamorfosis* (trad. A. Ramírez), Alianza Editorial.

Pryke, Louise M. (2017), *Ishtar*, Nueva York y Londres: Routledge.

Ragan, K., *Fearless Girls, Wise Women, and Beloved Sisters: Heroines in Folktales from Around the World*, W. W. Norton & Company.

Rodeja Fernández, M. (2016), *El tractament de la figura d'Atalanta. Anàlisi del personatge a través de fonts literàries i iconogràfiques (TFG)*, Universitat de Autònoma de Barcelona. <https://ddd.uab.cat/pub/tfg/2016/166532/TFG_Maria_Rodeja.pdf>.

Stuckey, J. (2008), «Spirit Possession and the Goddess Ishtar in Ancient Mesopotamia», *Matrifocus: Cross Quarterly For The Goddess Woman Samhain*, 8.

Sturluson, S. (2016), *Edda menor* (trad. L. Lerate), Alianza Editorial.

The culture of Basotho: history, people, clothing, and food (2025). <https://www.southafrica.net/za/en/travel/article/the-culture-of-basotho-history-people-clothing-and-food?>.

Whitman, L. (2025), «10 Fascinating tales from Basotho oral Tradition: South Africa's High-Altitude Legends», *MemoryCherish*. <https://memorycherish.com/basotho-oral-tradition-south-african-legends/>.

Vírgenes intocables *(o no tanto)*

Crerezo, D. A. (2013), *Construcciones y estereotipos de feminidad reforzados a partir de la mitología clásica: el caso de Afrodita, Hera y Atenea.* <https://eprints.ucm.es/id/eprint/26115/>

Eurípides (2011), *Ifigenia entre los Tauros*, Gredos.

Eurípides (2015), *Ifigenia en Áulide*, Editorial Minimal.

González, M. G. (2003), «Atenea y la razón patriarcal. Arte y Mito en torno a la hija de Zeus», *Helmántica*, 54(164), pp. 247-267. <https://doi.org/10.36576/summa.3697>

Guerrero, O. F. (2012), «El hilo de la vida: diosas tejedoras en la mitología griega», *Feminismo/S*, 20, pp. 107-125. <https://doi.org/10.14198/fem.2012.20.06>

Livio, T. (2023), *Historia de Roma desde su fundación I-III.* (trad. J. A. Villar), Gredos.

Niehbur, B. G. (1875), *Niebuhr's lectures on Roman history*, vol. 1, Chatto & Windus.

Ovidio (2015), *Metamorfosis* (trad. A. Ramírez), Alianza Editorial.

Ovidio (2015), *Metamorfosis* (trad. A. Ramírez), Alianza Editorial.

Ovidio (2016), *Fastos* (trad. B. Segura), Gredos.

Radiminski, M. (2013), «Marte y Rea Silvia: historia de una genealogía (Ov. Fast. 3.9-70)», *Anales De Filología Clásica*, *26*, pp. 63-78. <https://archive.org/details/AFC262013Radiminski>.

Hechiceras *y* brujas poderosas

Boccaccio, G. (2010), *Mujeres preclaras* (trad. V. Díaz-Corralejo), Ediciones Cátedra.

De Rodas, A. (2003), *Las Argonáuticas* (trad. M. Brioso), Cátedra.

Eurípides (2015), *Medea* (trad. R. Irigoyen), Penguin Clásicos.

Forrester, S., Goscilo, H., Skoro, M., & Zipes, J. (2014), «Baba Yaga: the wild witch of the East in Russian fairy tales», *Choice Reviews Online*, *51*(07), pp. 51-149. <https://www.scribd.com/document/482204053/Baba-Yaga-The-Wild-Witch-of-the-East-in-Russian-Fairy-Tales-pdf>.

Haynes, N. (2024), *La jarra de Pandora: Una mirada femenina de las mujeres en los mitos griegos*, RBA Libros.

Homero. (2023), *Odisea* (trad. J. M. Pabón), Gredos.

Hubbs, J. (1993), *Mother Russia: The Feminine Myth in Russian Culture*, Indiana University Press.

Jiménez, M. G. (2023), «Circe: magia, ciencia y sexualidad dura de la norma en la literatura del Siglo de Oro», *Etiópicas Revista De Letras Renacentistas*, *18*, pp. 715-729. <https://doi.org/10.33776/eti.v18.7844>.

Penalva-Leal, M. A. (2020). *Circe, La puta ama*.

Rudy, J., & McDonald, J. (2016), «Baba Yaga, Monsters of the Week, and Pop Culture's Formation of Wonder and Families through

Monstrosity», *Humanities*, 5(2), p. 40. <https://doi.org/10.3390/h5020040>.

Saracino, M. F. (2021), «Brujas, princesas y metamorfosis: una vuelta de tuerca feminista al mito clásico», *Bulletin of Spanish Studies*, pp. 1-18. <https://doi.org/10.1080/14753820.2021.1905326>.

Rebeldes con causa

«Delphic Oracle's lips may have been loosened by gas vapors (2021), *Science*. <https://www.nationalgeographic.com/science/article/greece-delphi-oracle-gas-vapors-science?utm_source=chatgpt.com>.

Aguado, M. I. P. (2021), «Antígona, de mito androcéntrico a símbolo feminista: una reflexión», *Ideas y Valores*, 70 (175), pp. 47-72. <https://doi.org/10.15446/ideasyvalores.v70n175.68484>.

Álvarez, N. (2017), «Clitemnestra y Antígona. Modelos de feminidad patriarcal en la tragedia ática», *ESCENA Revista de las Artes*, pp. 57-70. <https://archivo.revistas.ucr.ac.cr/index.php/escena/article/view/30896/30748>.

Andrade, F. (2024), «Lilith, la primera femme fatale: Estereotipos literarios y cinematográficos», *Letras*, 64(104), pp. 167-190. <https://doi.org/10.56219/letras.v64i104.3035>.

Basalo, N. A. (2005), «El mito de Antígona», *Feminismo/S*, 6, pp. 17-31. <https://doi.org/10.14198/fem.2005.6.02>.

Bornay, E. (2029), *«Las hijas de Lilith»*, *Colección Arte Grandes temas*, Ediciones Cátedra.

Botacio, M. R., «La caja de pandora: mito, paralelismo y vigencia cultural», *Repositorio Institucional Digital de la Universidad de Panamá*. <https://up-rid.up.ac.pa/6290/>.

Capel, M. B. (2015), «Non serviam: la insubordinación femenina en el mito de Lilith», *Locas: escritoras y personajes femeninos cuestionando las normas*, pp. 188-198. <https://dialnet.unirioja.es/servlet/articulo?codigo=5352031>.

Esquilo (2025), *Los siete contra Tebas* (trad. B. Perea), Gredos.

Hesíodo. (2021), *Obras y fragmentos* (trad. A. Pérez), Gredos.

Homero (2023), *Odisea.* (trad. J. M. Pabón), Gredos.

Kramer, H. y Sprenger, J. (2004), *El martillo de las brujas: Malleus maleficarum* (trad. M. Jimenez), Editorial Maxtor.

Martínez-Oña, M. M., Muñoz-Muñoz, A. M. (2022), «Lilith en la cultura audiovisual. Arte, Publicidad, Cine y Videojuegos», *Comunicación, pantallas y ficción*, pp. 403-416, Pamplona: Aranzadi (Thomson Reuters).

Mayor Mayor, E. (2010), «És Pandora culpable del masclisme?», *La cultura grega en els Textos II*.

Milton, J. (2019), *El Paraíso perdido* (trad. A. Echeverría), Alianza Editorial.

Pérez Miranda, I. (2007), *Penélope y el feminismo. La reinterpretación de un mito*, Universidad De Salamanca. <https://gredos.usal.es/handle/10366/111374>.

Pinkler, L. (1970), «El problema de la ley en la *Antígona* de Sófocles», *Persona Y Derecho*, pp. 165-171<https://revistas.unav.edu/index.php/persona-y-derecho/article/view/31998/27469>.

Prat, J. J., *El mito de Edipo en la tradición culta occidental y sus interpretaciones*, Biblioteca Virtual Miguel De Cervantes. <https://www.cervantesvirtual.com/obra-visor/el-mito-de-edipo-en-la-tradicion-culta-occidental-y-sus-interpretaciones/html/>.

Sófocles (2010), *Edipo en Colono* (trad. B. Perea), Gredos.

Sófocles (2014), *Antígona* (trad. A. Alamillo), Gredos.

Sófocles (2014), *Edipo Rey* (trad. A. Alamillo), Gredos.

Mujeres «monstruosas»

Akadémiai Kiadó, *An artistic, mythological, and documentary study of the Atargatis panel from et-Tannur, Jordan - Repository of the Academy's Library.* <https://real.mtak.hu/88520/>.

Currie, C. (1970), «Transforming Medusa», *Amaltea Revista de Mitocrítica*, *3*, pp. 169-181. <https://doi.org/10.5209/rev_amal.2011.v3.37616>.

De Samosata, L. (2009), *The Syrian Goddess* (trad. H. A. Strong, J. Garstang), Evinity Publishing Inc. <https://www.sacred-texts.com/cla/luc/tsg/>.

Guimarães, P. A. (2024), *The villainization of women in Greek mythology: a feminist reading of Medusa, Circe, and Medea.* <https://repositorium.sdum.uminho.pt/handle/1822/93899>.

Hesíodo (2021), *Obras y fragmentos*, Gredos.

Kapach, A. (2023), *Gorgons*, Mythopedia. <https://mythopedia.com/topics/gorgons/>.

Ovidio (2015), *Metamorfosis* (trad. A. Ramírez), Alianza Editorial.

Sículo, D. (2003), *Biblioteca histórica* (trad. M. Serrano), Alianza Editorial.

Stuckey, J. (2009), «Atargatis, the Syrian Goddess», *MatriFocus, Cross-Quarterly for the Goddess Woman*.

Desatodoras *de* caos

«Pele, Ancient Goddess of Contemporary Hawaii (1986), *Pacific Studies*, *9* (2). <https://contentdm.lib.byu.edu/digital/collection/PacificStudies/id/817>.

Balme, C. B. (1999), «Hula and Haka: Performance, metonymy and identity formation in colonial Hawaii and New Zealand», *Humanities Research*, *(3)*, pp. 41-58. <https://search.informit.org/doi/epdf/10.3316/informit.157845604344799>.

Coomaraswamy, A. (1957), *The Dance of Shiva*, Noonday Press.

ERIS. Greek Goddess of Strife & Discord (Roman Discordia). <https://www.theoi.com/Daimon/Eris.html>.

Hesíodo. (2021), *Obras y fragmentos* (trad. A. Pérez), Gredos.

Knipe, R. (1982), «Pele: Volcano Goddess of Hawaii», *Psychological Perspectives*, *13* (2), pp. 114-126. <https://doi.org/10.1080/00332928209408761>.

Kuchuk, N. (2013), *From the Temple to the Witch's Coven: Journeying West with Kali Ma, Fierce Goddess of Transformation. A Study of Contemporary Kali Worship in North America: Syncretism, Sacred Relationships, and the Gendered Divine*. <https://doi.org/10.20381/ruor-6420>.

Liberalis, A. (2003), *Metamorfosis* (trad. J. R. del Canto), Ediciones Akal.

Williamson, J., Mcmenemy, G. (2023), *Women of Myth: From Deer Woman and Mami Wata to Amaterasu and Athena, Your Guide to the Amazing and Diverse Women from World Mythology*, Blackstone Pub.

Wilson, J. R. (1979), «Eris in Euripides», *Greece and Rome*, *26* (1), pp. 7-20. <https://doi.org/10.1017/s0017383500026668>.

Diosas *del* ciclo vital

Alberro, M. (2005), *Táin bó Cuailnge: la razzia de ganado de Cuailnge*, Editorial Toxosoutos.

Allee, P., «Persephone, Victim or Goddess? A Feminist Analysis of The Rape of Persephone», *The Journal of Illinois State University's Lambda Delta Chapter of Sigma Tau Delta, The International English Honor Society*, 3.

Blessing, O. (2009), *The Morrigan: A Trinity United*, Seminary Irish Civilization.

Clements, R., Musker, J. (2016), *Vaiana: comentario de audio*, Disney.

Downing, C. (1994), *The Long Journey Home: Revisioning the Myth of Demeter and Persephone for our Time*, Boston: Shambhala Publications.

González, C. S. (2021), «The Bluest Eye: una lectura ecofeminista del mito de Perséfone», *Literatura y naturaleza: voces ecocríticas en poesía y prosa*, 43.

Gubar, S. (1979), «Mother, maiden and the marriage of death: Women writers and an ancient myth», *Women's Studies*, *6* (3), pp. 301-315. <https://doi.org/10.1080/00497878.1979.9978492>.

Homero. (2000), *Himnos homéricos. Batracomiomaquia* (trad. A. García), Ediciones Akal.

Local Legends. The Hound of Ulster, BBC. <https://www.bbc.co.uk/legacies/myths_legends/northern_ireland/ni_7/article_1.shtml>.

Mythological origins. Te Ara Encyclopedia of New Zealand. <https://teara.govt.nz/en/tangihanga-death-customs/page-2>.

Olivares, D. (2017), *Base de datos digital de Iconografía Medieval*, Universidad Complutense de Madrid. <https://www.ucm.es/bdiconografiamedieval/granada>.

Pérez, C. S. (2020), «Diosas de la Antigüedad y cultura contemporánea: la recepción de la Isis grecorromana en la Sociedad Teosófica y el paganismo contemporáneo», *Journal of Feminist Gender and Women Studies*, 9, pp. 41-48. <https://revistas.uam.es/revIUEM/article/view/jfgws2020_9_005/12991>.

Perris, S. (2018), «What does Hine-nui-te-pō look like? A case study of oral tradition, myth, and literature in Aotearoa New Zealand», *Journal of the Polynesian Society*, *127* (4), pp. 365-388. <https://ndhadeliver.natlib.govt.nz/delivery/DeliveryManagerServlet?dps_pid=IE39331958>.

Rowley, S. (1997), «The One Who Is Many, The Many Who Are One: Power and Potentiality in the Sacred Females of Pre-Christian Ireland», *Canadian Woman Studies Les Cahiers De La Femme*, *17* (1). <https://cws.journals.yorku.ca/index.php/cws/article/view/8891/8068>.

Tenrero, H. P. (2002), «Isis, la Gran Maga», *Espacio Tiempo y Forma Serie II Historia Antigua*, *0* (15). <https://revistas.uned.es/index.php/ETFII/article/view/4396/4235>.

REFERENCIAS GENERALES

Albert, L. (2021), *Greek Mythology: The Gods, Goddesses, and Heroes Handbook: From Aphrodite to Zeus, a Profile of Who's Who in Greek Mythology*, Simon and Schuster.

Williamson, J., McMenemy, G. (2023), *Women of Myth: From Deer Woman and Mami Wata to Amaterasu and Athena, Your Guide to the Amazing and Diverse Women from World Mythology*, Simon and Schuster.